Inhalt

Schwierigkeitsgrade

●●● schnell und einfach

●●● braucht etwas Übung

●●● für Anspruchsvolle

Grundlegende KNOTEN

DER WICKELKNOTEN

Für den Wickelknoten fasst du alle Stränge zusammen, die zusammengehalten werden sollen. Schneide ein ca. 50 cm langes Garnstück ab, mit dem die restlichen Fäden umwickelt werden. Hierfür legst du das Garnstück in einer Schlaufe mit der offenen Seite nach oben auf die zu umwickelnden Fäden. Die Schlaufe muss etwas länger sein als der spätere Wickelknoten.

Führe die längere Seite des Fadens über die Schlaufe und unter den restlichen Fäden durch. Achte hierbei darauf, dass deine Schlaufe nicht verrutscht.

Fahre fort, die Fäden und die Schlaufe zu umwickeln, bis dir die Länge deines Wickelknotens gefällt. Dann führst du das Ende des Wickelfadens durch die Schlaufe.

Ziehe an dem oberen Faden die Schlaufe nach oben. Das untere Ende des Fadens wird dadurch unter den umwickelten Teil gezogen und ist somit nicht mehr sichtbar. Sei vorsichtig beim Ziehen, denn wenn du den Knoten zu weit ziehst, geht er wieder auf.

Die beiden Garnenden, welche oben und unten vom Wickelknoten herausschauen, kannst du bündig abschneiden.

Dein Wickelknoten sollte nun in etwa so aussehen:

DER HORIZONTALE ANKERSTICH

Dieser Knoten dient zur Befestigung des Makrameegarns an einem Holzstab/ Ring. Nimm hierfür die einzelnen Fäden doppelt und schiebe die geschlossene Seite von oben nach unten unter deinem Holzstab/ Ring durch.

Als nächstes schiebst du die offene Seite von oben durch die entstandene Schlaufe.

Ziehe den entstandenen Knoten vorsichtig fest, bis er so aussieht:

Der Kreuzknoten

Dieser Knoten wird insgesamt mit 4 Fäden geknüpft.

Außen befinden sich die Arbeitsfäden, die beiden inneren Fäden bleiben einfach liegen und du knüpfst um sie herum.
Der linke Arbeitsfaden wird erst von links nach rechts über die beiden innenliegenden Fäden geführt, dann unter den rechten Arbeitsfaden.

Anschließend wird der rechte Arbeitsfaden von rechts nach links unter die beiden innenliegenden Fäden und über den linken Arbeitsfaden geführt, sodass eine „Brezel“ entsteht.

Dieser Knoten wird festgezogen und sollte so aussehen:

Tipp: Wenn du die inneren Fäden beim Festziehen etwas straff hältst, gelingt dir dies einfacher.
Nun machst du dasselbe, nur andersherum: Du legst den rechten Arbeitsfaden von rechts nach links über die innenliegenden Schnüre und unter den linken Arbeitsfaden.

Dann führst du den linken Arbeitsfaden von links nach rechts unter die beiden innenliegenden und über den rechten Arbeitsfaden.

Anschließend wird der Knoten festgezogen und sollte so aussehen:

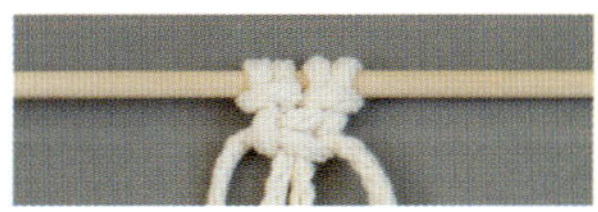

Tipp: Alle Knoten sollten nicht zu fest und nicht zu locker gezogen werden, versuche hier ein gutes Mittelmaß zu finden. Je gleichmäßiger du die Knoten festziehst, desto schöner wird auch dein Knüpfbild.
Info: Die Maße bei den jeweiligen Projekten sind immer als "Ca.-Maße" angegeben, da sich die Größe deines Projektes ändern kann, wenn du die Knoten etwas fester oder etwas lockerer knüpfst.

Der diagonale Rippenknoten nach links

Der diagonale Rippenknoten wird immer mit zwei Fäden geknüpft: ein Leitfaden und ein Arbeitsfaden. Der Leitfaden bestimmt die Richtung, in welche die Knoten geknüpft werden, mit den jeweiligen Arbeitsfäden knüpfst du dann die diagonalen Rippenknoten um den Leitfaden.

Beim diagonalen Rippenknoten nach links ist der ganz rechte Faden dein Leitfaden. Lege ihn dir diagonal nach links unten, in etwa so, wie deine Knoten später verlaufen sollen. Er gibt die Richtung für deine Knoten vor.

Der linke Faden wird von unten nach oben über den Leitfaden gelegt und in einer Schlaufe anschließend wieder von oben nach unten unter ihn gelegt.

Anschließend wird diese Schlaufe festgezogen. Halte dazu das Fadenende des Leitfadens, welches jetzt links liegt, mit deiner linken Hand diagonal und ziehe mit der rechten Hand den Knoten nach oben hin fest.

Festgezogen sollte das Ganze so aussehen. Dies ist der erste Teil des Knotens.

Lege anschließend den rechten äußeren Faden nach links über den linken Faden. Er wird unter den linken Faden gelegt und durch die entstandene Schlaufe wieder zurückgeführt.

Halte den links liegenden Leitfaden wieder diagonal, während du den Knoten nach oben hin festziehst. Es hilft dir, wenn du den Leitfaden etwas straffer hältst, sodass du den Knoten einfach nach oben hin festziehen kannst.

Nun legst du den ersten Arbeitsfaden beiseite und knüpfst mit den nächsten beiden Fäden den nächsten Rippenknoten. Der Leitfaden bleibt hierbei immer derselbe.

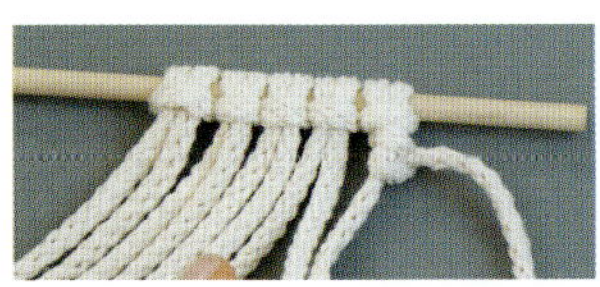

Das Knüpfbild eines diagonalen Rippenknoten nach links sieht wie folgt aus:

Der diagonale Rippenknoten nach rechts

Der diagonale Rippenknoten nach rechts funktioniert genau wie der diagonale Rippenknoten nach links, nur andersherum:

Achte darauf, dass du alle Knoten gleichmäßig und nicht zu fest anziehst.

Der horizontale Rippenknoten

Möchtest du keine diagonale, sondern eine waagerechte Reihe mit den Rippenknoten knüpfen, dann nutzt du den horizontalen Rippenknoten. Lege hierfür einen losen Faden in der Höhe, in der später die Knoten liegen sollen, über die Fäden, mit denen du knüpfen möchtest.

Dieser ist dein Leitfaden. An ihn knüpfst du jetzt die gleichen Knoten wie beim diagonalen Rippenknoten nach rechts.

Dadurch, dass du den Trägerfaden aber horizontal liegen hast, gibt er dir diese Richtung vor. Dein Knüpfbild sieht beim horizontalen Rippenknoten wie folgt aus:

Der Beerenknoten

Die Anleitung für den Beerenknoten findest du in der Anleitung für die Makramee-Feder auf S. 25-28.

TOP Tipps

ZUSCHNEIDEN DER STRÄNGE

Das Zuschneiden der Baumwollfäden gelingt am besten mit einer scharfen Stoffschneiderschere. Verwende diese Schere nur für Stoffe und Garne, da sie sonst schnell stumpf werden kann. Falls du am Ende Schwierigkeiten haben solltest, die Baumwollfäden gleichmäßig zuzuschneiden, verwende für die Schnittkanten Kreppklebeband, um das du außen herum schneidest, oder eine Schablone, welche du z. B. aus Pappe ausschneiden kannst.

LEICHTES AUFFÄDELN

Um Perlen leichter aufzufädeln, gibt es spezielle Auffädelhilfen. Allerdings kannst du dir auch mit ganz einfachen Mitteln behelfen: Benutze eine dünne Schnur oder etwas Bast, um die Perlen auf die Makrameeschnur aufzufädeln.

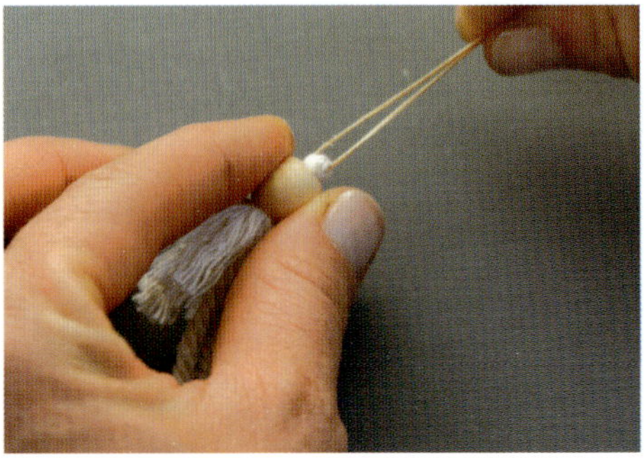

Wichtig ist nur, dass die Schnur, welche du als Fädelhilfe benutzt, relativ reißfest ist, damit du die Makrameeschnur durch die Perle ziehen kannst, ohne Angst zu haben, dass deine Fädelhilfe reißt.

FIXIEREN VON AUSGEKÄMMTEN FRANSEN

Für das Fixieren der Makrameefransen, die ich zuvor ausgekämmt habe, verwende ich einen sehr starken Haarlack. Sprühe den Haarlack einfach auf die zu fixierende Stelle. Noch schneller und fester trocknet es, wenn du für das Trocknen einen Fön zur Hilfe nimmst. Insgesamt sprühe ich so immer drei Schichten auf: Zwei auf der Vorderseite und eine auf der Rückseite, so bleibt alles garantiert an Ort und Stelle.

Materialien & Werkzeuge

STOFFSCHEREN eignen sich perfekt zum Zu- und Abschneiden der Garne.

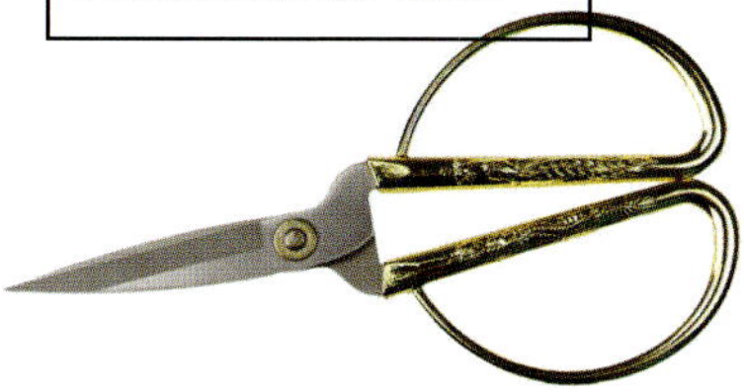

GEKNÜPFTES GARN eignet sich sehr gut, um ein gleichmäßiges Knüpfmuster zu erhalten.

GEZWIRNTES GARN ist zwar in der Verarbeitung etwas schwieriger, es lässt sich dafür aber schnell und einfach auskämmen.

GEFLOCHTENES GARN ist dagegen einfach zum Knoten und ergibt insgesamt ein sehr ordentliches Knüpfmuster.

Das MASSBAND wird zum Abmessen der Garnlänge und der verschiedenen Knüpfmuster benötigt.

Mit einer TIERHAARBÜRSTE kannst du die Fransen schnell und einfach auskämmen. Alternativ kannst du auch einen normalen KAMM nehmen, dauert zwar länger, aber das Ergebnis ist das Gleiche.

HOLZPERLEN eignen sich in verschiedenen Größen und Formen perfekt zum Verzieren.

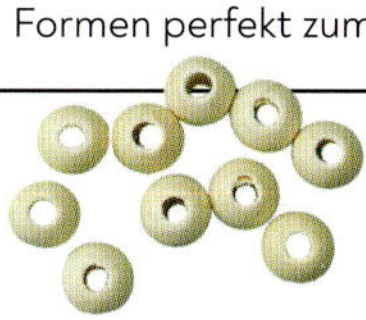

Die HÄKELNADEL hilft dir dabei, den Arbeitsfaden leichter durch die Schlaufen zu ziehen.

Dünne RUNDHOLZSTÄBE oder Äste sind super für Wimpel oder Anhänger geeignet.

Mit TEXTIL- UND SPRÜHKLEBER lassen sich ausgekämmte Fransen und Garnenden fixieren.

Cake Topper

Highlight zum Geburtstag

Maße pro Wimpel

- Länge: ca. 6–10 cm
- Breite: ca. 3 cm

Benötigte Materialien

- 1 Garnfaden in Natur mit der Länge deiner Wahl für die Aufhängung. Dieser Garnfaden bestimmt die Länge deiner Wimpelkette
- Pro Wimpel: 4 Garnfäden à 40 cm
- Garnstärke: 3 mm
- Schere
- Meterstab
- Optional: Holzspieße, (Buchstaben-)Perlen, Kamm

Benötigte Knoten

- Horizontaler Ankerstich
- Kreuzknoten
- Diagonaler Rippenknoten

Sofort-Loslegen! Für dieses Modell sind alle Materialien im Set enthalten.

Die Anleitung ist für einen Wimpel; diese Wimpel kannst du beliebig aneinanderreihen.

1 Befestige 4 Garnfäden à 40 cm mit dem horizontalen Ankerstich an deinem Garnfaden, welcher für die Aufhängung dient.

2 Lege die beiden linken und die beiden rechten Fäden beiseite und knüpfe mit den mittleren 4 Fäden einen Kreuzknoten.

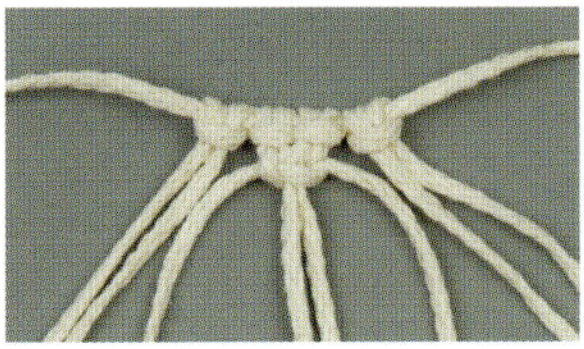

3 Knüpfe an den rechten äußeren Faden als Leitfaden 3 diagonale Rippenknoten nach links.

Knüpfe dann mit dem linken äußeren Faden als Leitfaden 4 diagonale Rippenknoten nach rechts. Achte darauf, dass in dieser Reihe die diagonalen Rippenknoten bündig an den Kreuzknoten anschließen.

4 Knüpfe dann eine weitere Reihe diagonale Rippenknoten: An den linken Faden als Leitfaden knüpfst du 3 diagonale Rippenknoten nach rechts.

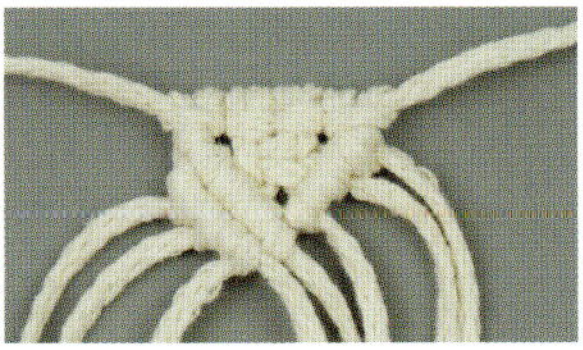

An den rechten Faden als Leitfaden knüpfst du 4 diagonale Rippenknoten nach links.

5 Schneide die Enden parallel zu der letzten Reihe diagonaler Rippenknoten in der von dir gewünschten länge ab.

Entweder du lässt sie unausgekämmt oder du kämmst sie aus, fixierst sie mit etwas Haarspray und schneidest sie dann nochmals in Form.

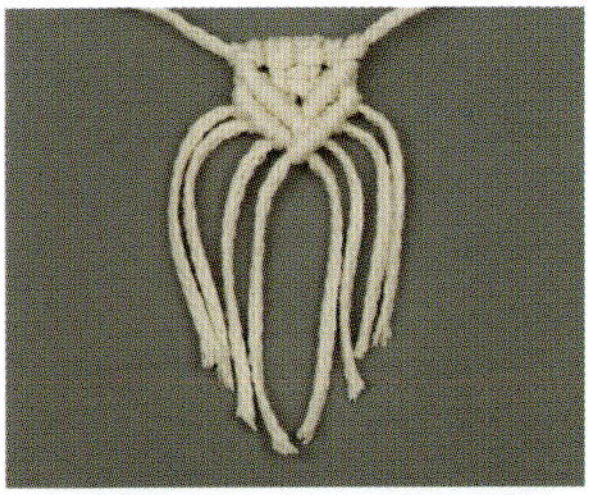

Schmetterling
IM REIF

MAẞE
Der Durchmesser des Makramee-Projekts entspricht dem Durchmesser des Holzringes.

BENÖTIGTE MATERIALIEN
- 10 Garnfäden in Natur à 1,20 m
- 1 Garnfaden à 40 cm für die Aufhängung
- Garnstärke: 2 mm
- 1 Holzring, ø innen ca. 17 cm
- Schere
- Meterstab
- Alleskleber

BENÖTIGTE KNOTEN
- Horizontaler Ankerstich
- Diagonaler Rippenknoten
- Kreuzknoten

1 Befestige 10 Garnfäden à 1,20 m mithilfe des horizontalen Ankerstiches an deinem Holzring. Lass zwischen den ersten und den letzten 5 Garnfäden eine Lücke von ca. 4 cm frei.

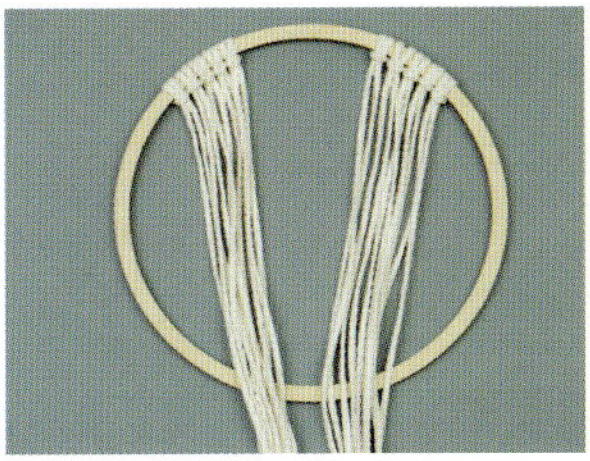

Drehe den Ring nun um, sodass die Rückseite der horizontalen Ankerknoten zu sehen ist, und ziehe die Enden der Fäden nach vorne über den Ring.

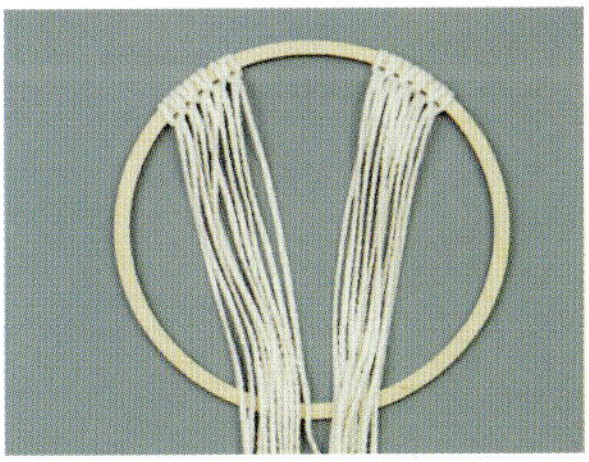

2 Knüpfe an den linken äußeren Faden als Leitfaden 9 horizontale Rippenknoten nach rechts. Den ersten Knoten platzierst du mit etwas Abstand zu deinem Holzring.

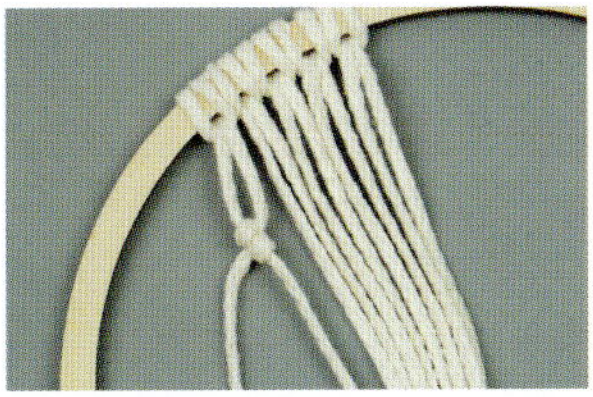

Habe dabei bereits die Form des oberen Flügels des Schmetterlings im Kopf, welche du knüpfen möchtest. Achte darauf, deine Rippenknoten so festzuziehen, dass du eine etwas nach oben gebogene Linie erhältst.

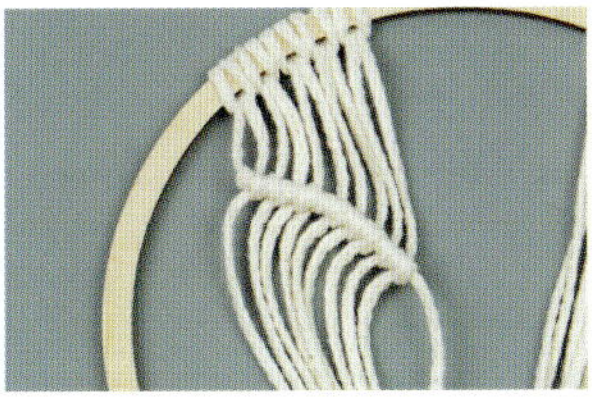

Dasselbe machst du auch auf der anderen Seite. Knüpfe an den äußeren rechten Faden als Leitfaden 9 diagonale Rippenknoten nach links, welche ebenfalls eine etwas gebogene Linie ergeben sollen.

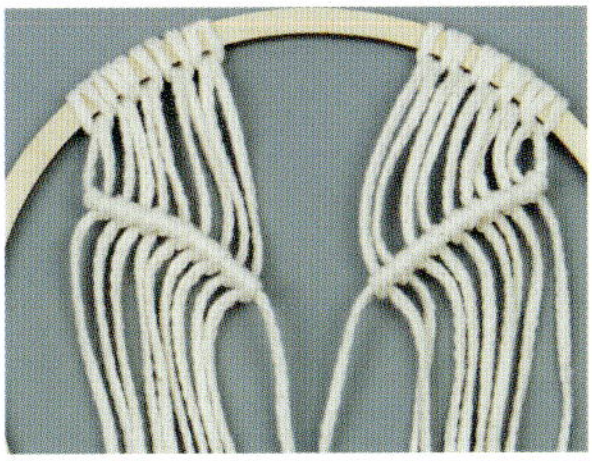

3 Wiederhole Schritt 2, bis du eine weitere Reihe mit diagonalen Rippenknoten auf beiden Seiten erhältst.

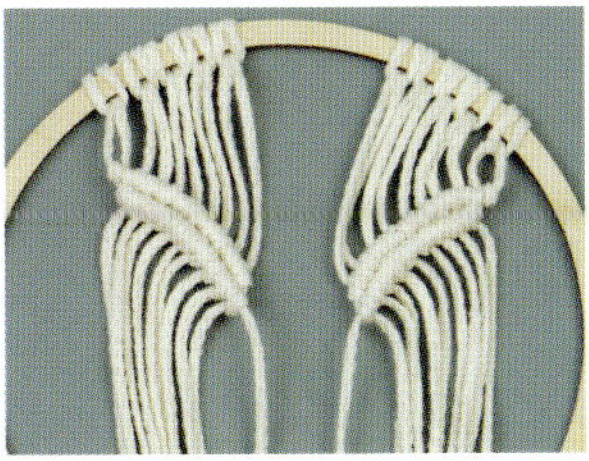

4 Lege die beiden linken und die beiden rechten Fäden einer Flügelseite beiseite und knüpfe einen Kreuzknoten um die mittleren beiden Fäden. Diesen Kreuzknoten knüpfst du mit insgesamt 4 Arbeitsfäden, jeweils 2 links und rechts.

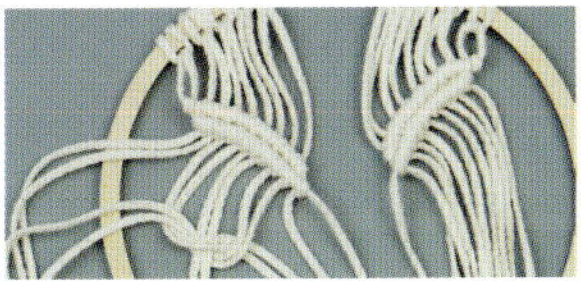

Diesen Schritt wiederholst du auf der rechten Seite.

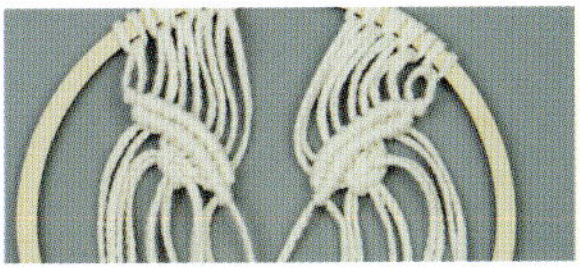

5 Knüpfe an den äußeren linken Faden als Leitfaden weitere 9 diagonale Rippenknoten nach rechts. Beachte beim Festziehen der Knoten, dass der Knotenstrang diesmal eine leicht nach unten gewölbte Form erhalten soll.

Achte darauf, die diagonalen Rippenknoten bündig an den Kreuzknoten zu knüpfen, dann entsteht die gebogene von ganz alleine.

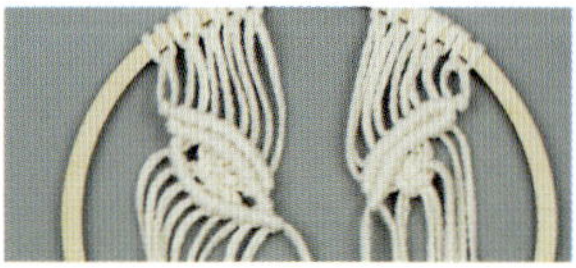

Dasselbe machst du auch auf der anderen Seite. Knüpfe an den äußeren rechten Faden als Leitfaden 9 diagonale Rippenknoten nach links, welche ebenfalls eine etwas gebogene Linie ergeben sollen.

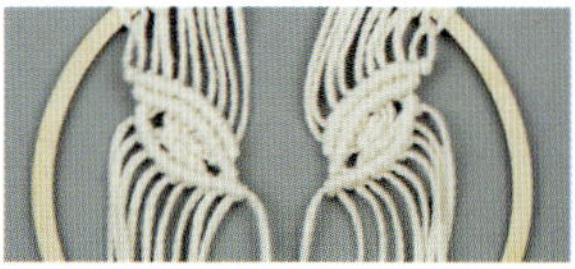

6 Knüpfe mit den mittleren 4 Fäden einen Kreuzknoten.

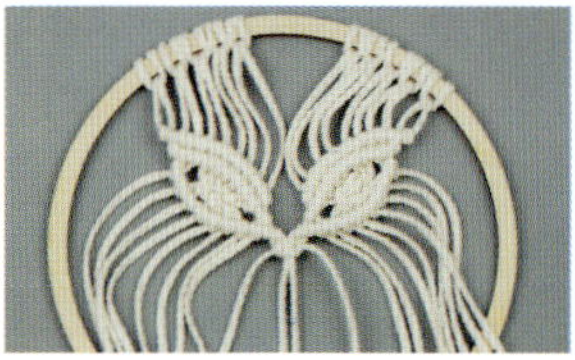

Die innenliegenden Fäden von diesem Kreuzknoten schneidest du nun in ca. 6 cm Abstand ab.

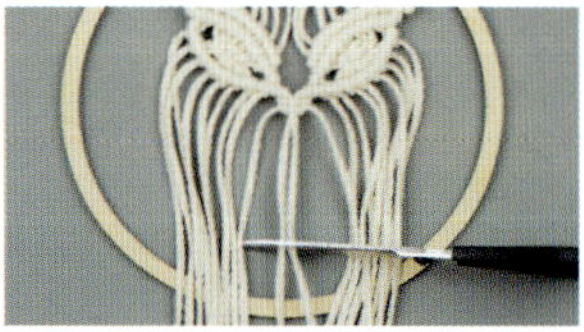

In die Enden knüpfst du einen einfachen Knoten.

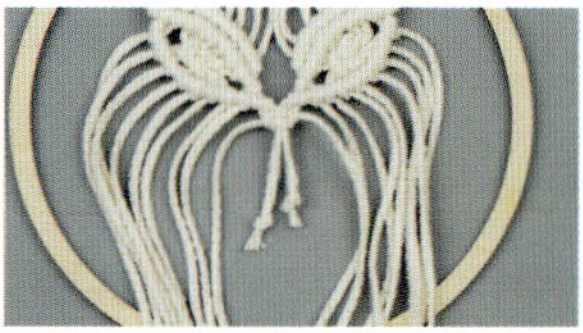

Dies sind die Fühler deines Schmetterlings. Sie bleiben im weiteren Verlauf einfach dort hängen und werden nicht mehr als Fäden mitgezählt.

7 Knüpfe ausgehend von der Mitte an den mittleren linken Faden als Leitfaden 8 diagonale Rippenknoten nach links. Habe wieder die etwas nach oben gebogene Form beim Knüpfen im Kopf.

Dasselbe wiederholst du auf der anderen Seite. Knüpfe an den mittleren rechten Faden als Leitfaden 8 diagonale Rippenknoten nach rechts, welche ebenfalls eine etwas nach unten gebogene Linie ergeben sollen.

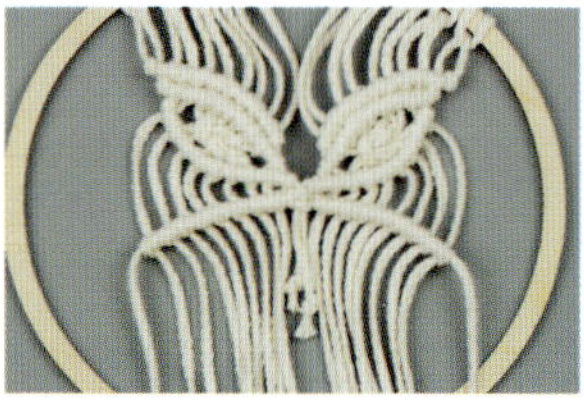

8 Lege die beiden linken äußeren Fäden beiseite und knüpfe mit den nächsten 6 Fäden einen Kreuzknoten mit je 2 Arbeitsfäden auf jeder Seite.

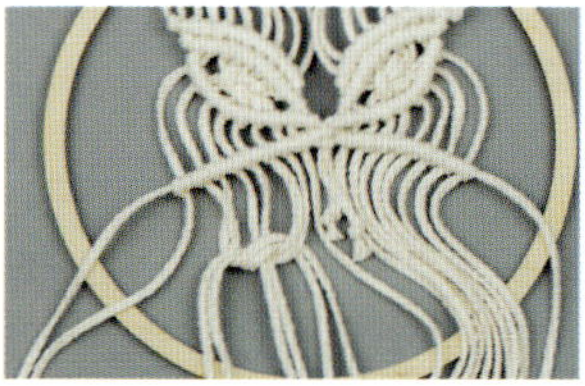

Dies wiederholst du auch auf der rechten Seite.

9 Knüpfe ausgehend von der Mitte an den mittleren linken Faden als Leitfaden 8 diagonale Rippenknoten nach links. Achte auch hier wieder darauf, die diagona-

len Rippenknoten bündig an den Kreuzknoten zu knüpfen, um die gebogene Linie ganz einfach zu erhalten.

Dasselbe wiederholst du auf der anderen Seite. Knüpfe an den mittleren rechten Faden als Leitfaden 8 diagonale Rippenknoten nach rechts, welche du ebenfalls bündig an den Kreuzknoten der Vorreihe knüpfst.

10 Wiederhole Schritt 9.

11 Nun werden nur noch die restlichen Schnüre am Ring befestigt. Lege hierfür zuerst alle Fäden unter den Holzring. Befestige zuerst 5 Fäden, lasse wie oben wieder eine Lücke von ca. 4 cm frei und befestige dann erst die nächsten 5 Fäden.

Beginne mit dem ganz linken Faden. Ziehe diesen zunächst links von deinem von oben kommenden Faden einmal von vorne nach hinten um den Ring.

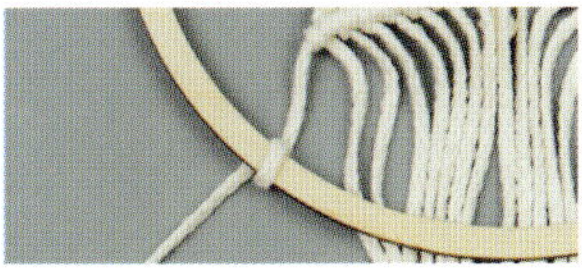

Dann ziehst du ihn rechts von dem Faden von vorne nach hinten um den Ring und durch die entstandene Schlaufe hindurch. Ziehe den entstandenen Knoten gut fest.

Fahre mit den nächsten Fäden fort, bis alle am Ring befestigt sind.

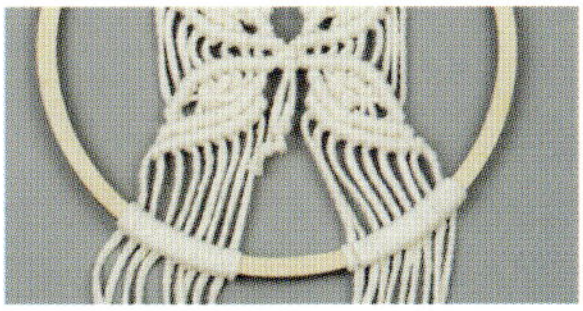

12 Drehe deinen Ring jetzt auf die Rückseite. Von hier schneidest du die überstehenden Fäden in ca. 0,5 cm Länge ab.

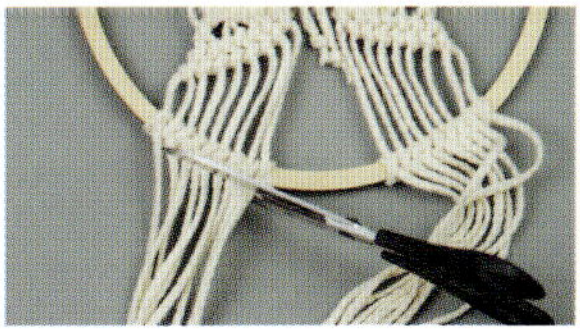

Gib etwas Alleskleber hinten auf den Ring und klebe die überstehenden kurzen Enden hier fest, damit sie von vorne nicht mehr zu sehen sind.

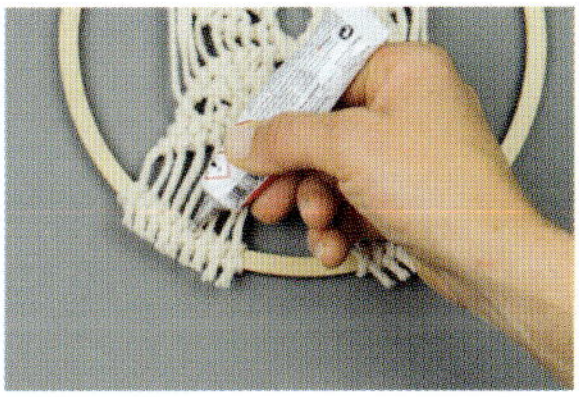

13 Befestige den Faden für die Aufhängung in der Mitte oben mithilfe des horizontalen Ankerstiches an deinem Holzring. Die Enden verknotest du. Dein Schmetterling ist nun bereit deine Wand zu schmücken!

Anhänger

FÜR DEN RÜCKSPIEGEL

MAßE

- Länge: ca. 12 cm
- Breite: ca. 10 cm

BENÖTIGTE MATERIALIEN

- 6 Garnfäden in Natur oder Beige à 80 cm
- 1 Garnfaden à 40 cm für die Aufhängung Garnstärke: 2 mm
- 1 unbehandelter Ast (mind. 10 cm Länge), ø 1 cm
- Kamm
- Schere
- Optional: Haarspray

TIPP: Für den Ast kannst du ganz verschiedene Hölzer verwenden: Mit Rinde, ohne Rinde, krumm oder gerade, dick oder dünn – so wie es dir am besten gefällt. Bei einem Waldspaziergang findest du bestimmt den perfekten Ast für dich!

BENÖTIGTE KNOTEN

- Horizontaler Ankerstich
- Kreuzknoten
- Diagonaler Rippenknoten

1 Befestige die 6 Garnfäden mithilfe des horizontalen Ankerstiches an einem Ast deiner Wahl.

2 Knüpfe in der ersten Reihe 3 Kreuzknoten.

3 Für den kommenden Mittelteil legst du die beiden linken und die beiden rechten Fäden beiseite. Dann beginnst du mit den beiden linken Fäden des mittleren Kreuzknotens.

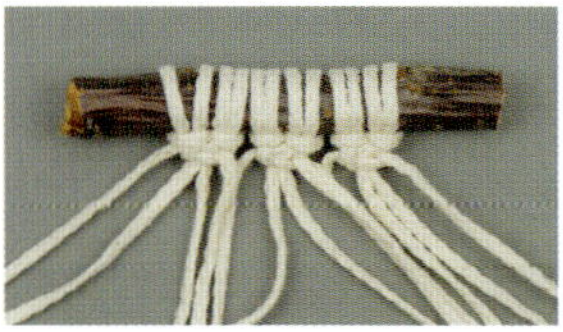

Knüpfe von hier aus diagonale Rippenknoten nach links, der linke Faden des mittleren Kreuzknotens ist hierbei dein Leitfaden, insgesamt 3 Stück.

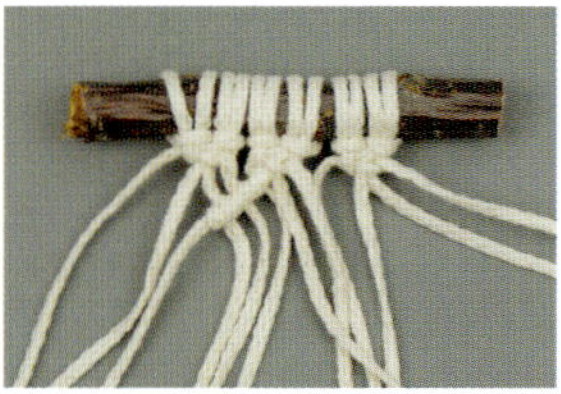

Knüpfe anschließend ausgehend von den 2 rechten Fäden des mittleren Kreuzknotens diagonale Rippenknoten nach rechts, ebenfalls insgesamt 3 Stück.

Knüpfe einen Kreuzknoten um die mittleren 4 Fäden.

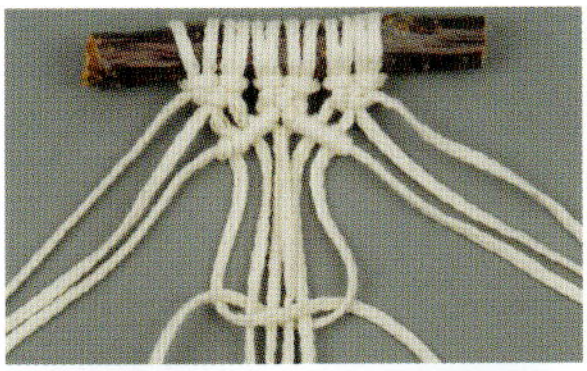

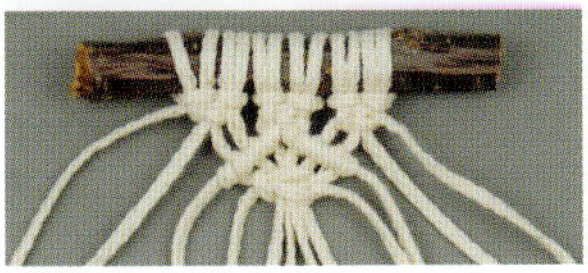

Beginne an den linken Faden als Trägerfaden diagonale Rippenknoten nach rechts zu knüpfen, bis du in der Mitte angekommen bist.

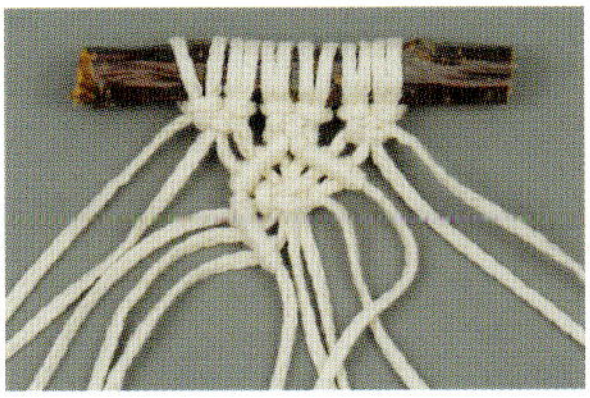

Mit der rechten Seite knüpfst du diagonale Rippenknoten nach links, ebenfalls bis zur Mitte. Schließe die unten entstandenen Lücke mit einem weiteren diagonalen Rippenknoten nach rechts.

4 Die beiden linken und die beiden rechten Fäden werden nun wieder mit hinzugenommen. Knüpfe an den ganz linken Faden als Leitfaden einen diagonalen Rippenknoten nach rechts.

Wiederhole dies noch weitere 2 Male, allerdings ohne den Arbeitsfaden zu wechseln.

Du knüpfst also insgesamt 3 diagonale Rippenknoten mit dem selben Arbeitsfaden.

Anschließend knüpfst du mit demselben Leitfaden, aber wechselnden Arbeitsfäden weiter, bis du in der Mitte angekommen bist.

5 Wiederhole Schritt 4 auf der rechten Seite. Der ganz rechte Faden ist jetzt dein Leitfaden. An diesen knüpfst du mit dem ersten Arbeitsfaden von rechts zuerst 3 diagonale Rippenknoten nach links, dann knüpfst du auch hier mit wechselnden Arbeitsfäden weiter, bis du an der Mitte ankommst.

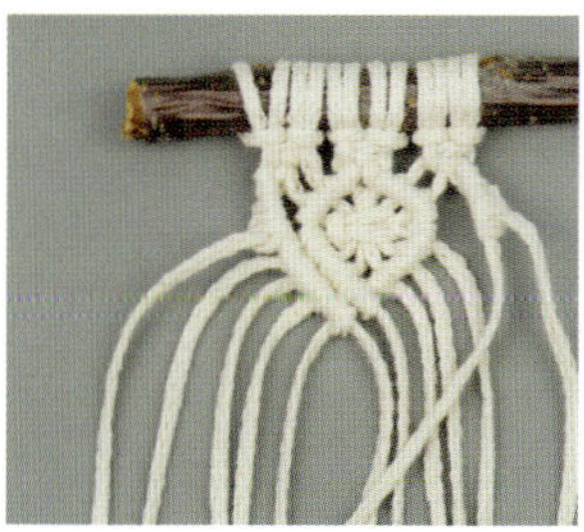

Schließe die unten entstandene Lücke mit einem diagonalen Rippenknoten nach links.

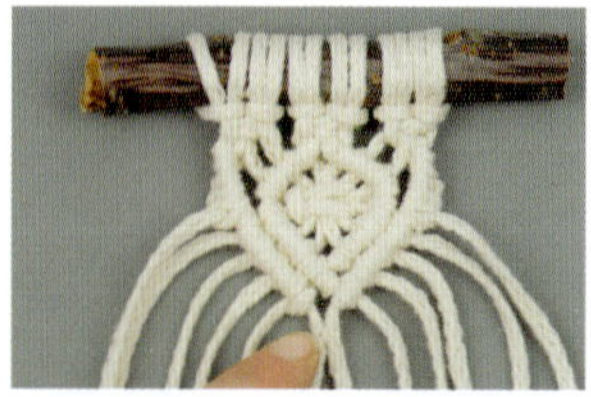

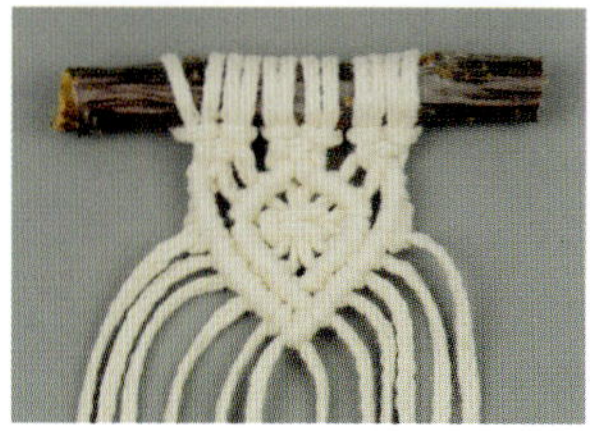

6 Knüpfe mit den ersten 4 Fäden von links einen Kreuzknoten.

Diesen ziehst du so fest, dass er an die vorherige Reihe diagonaler Rippenknoten anschließt, er ist also nicht gerade, sondern schräg.

Dasselbe wiederholst du mit den rechten 4 Fäden.

Knüpfe einen weiteren Kreuzknoten mit den mittleren 4 Fäden. Dieser schließt ebenfalls an die Vorreihe an, allerdings bleibt er im Gegensatz zu den beiden vorangegangenen Kreuzknoten gerade.

7 Schneide die Enden ca. 7 cm unter dem mittleren Kreuzknoten ab.

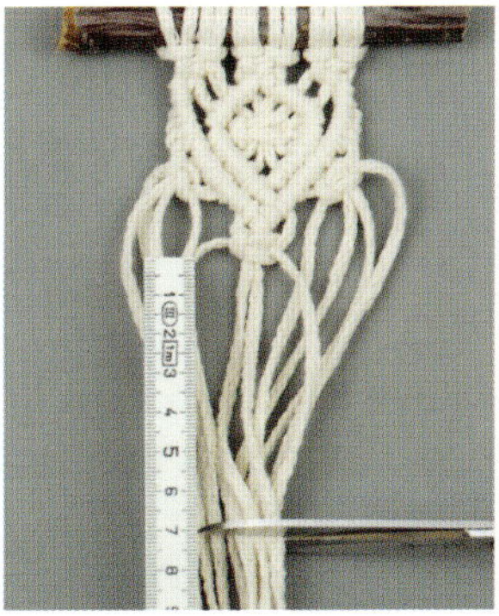

Dann schneidest du sie noch parallel zu den diagonalen Rippenknoten zu, sodass du unten ein Dreieck erhältst.

Die Enden kannst du entweder komplett auskämmen, mit Haarspray fixieren und nochmals nachschneiden, oder du kämmst nur das untere Ende ein kleines bisschen aus, um einen lockeren Fransenlook im Boho-Stil zu erhalten.

8 Für die Aufhängung schneidest du dir einen etwa 40 cm langen Faden zurecht. Knote diesen rechts und links von deinem Makramee mit einem Doppelknoten am Ast fest.

MEIN TIPP FÜR DICH

Die Enden kannst du entweder hinter dem Ast abschneiden oder sie mit einer Nadel unter den danebenliegenden horizontalen Ankerstich ziehen, damit sie nicht mehr zu sehen sind.

Schlüsselanhänger
VON HERZEN

MAßE
- Länge ca. 15,5 cm
- Breite ca. 4,5 cm

BENÖTIGTE MATERIALIEN
- 6 Garnfäden à 65 cm
- Garnstärke 3 mm
- 1 Karabiner (optional in Herzform)
- Schere
- Meterstab
- Klebeband

BENÖTIGTE KNOTEN
- Horizontaler Ankerstich
- Diagonaler Rippenknoten
- Kreuzknoten

GARNFARBE IM BEISPIELBILD
- Mint, Rot, Natur, Beige

Sofort-Loslegen! Für dieses Modell sind alle Materialien im Set enthalten.

1 Befestige 2 der 65 cm langen Garnfäden mithilfe des horizontalen Ankerstiches an dem Karabiner. Drehe die Vorderseite nach hinten, damit du die Rückseite des horizontalen Ankerstiches vor dir liegen hast.

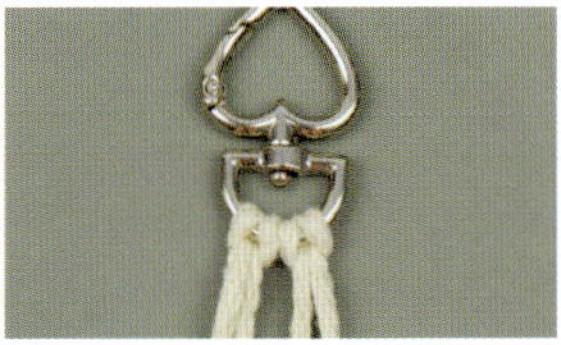

2 Knüpfe mit den ersten beiden Fäden einen diagonalen Rippenknoten nach rechts, der ganz linke Faden ist hierbei dein Leitfaden.

Dann knüpfst du mit den beiden rechten Fäden einen diagonalen Rippenknoten nach links, der Leitfaden ist der ganz rechte Faden.

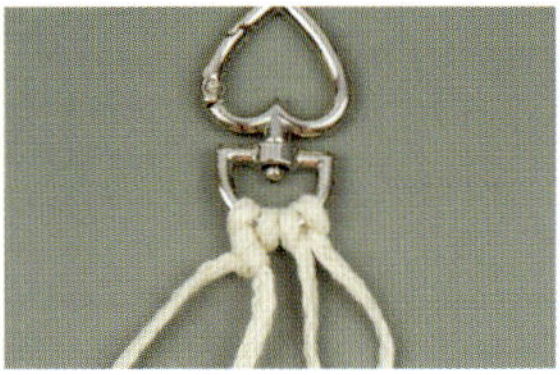

Die entstandene Lücke schließt du mit einem weiteren Rippenknoten nach rechts. Knüpfe diesen mit den mittleren beiden Fäden, der linke Faden ist der Leitfaden.

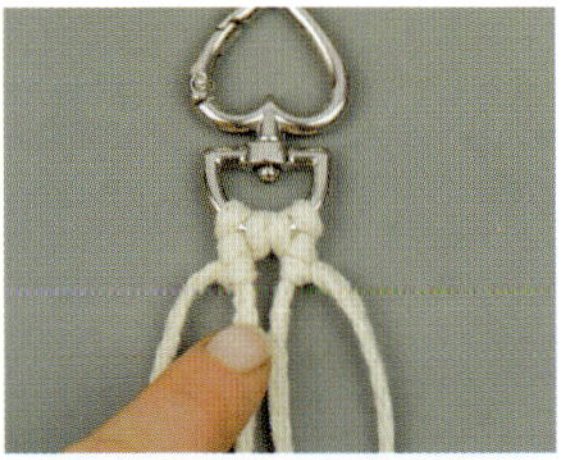

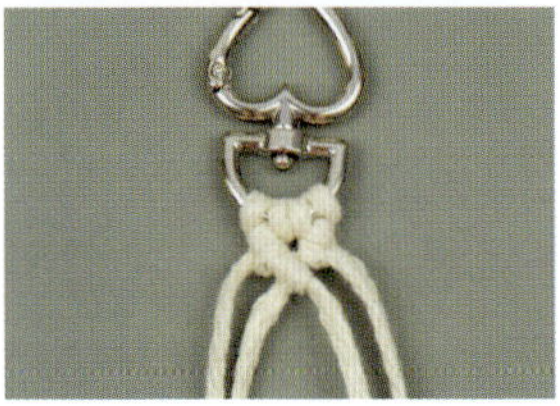

3 Nimm einen weiteren Garnfaden à 65 cm hinzu. Diesen nimmst du doppelt und legst das geschlossene Ende neben deinen Karabiner. Fixiere diesen optional mit etwas Klebeband, dann lässt sich der Faden leichter anknüpfen.

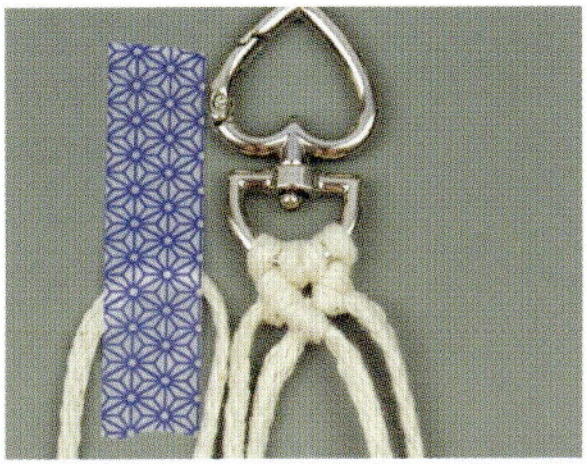

Die rechte Seite dieses Fadens ist nun dein neuer Leitfaden.

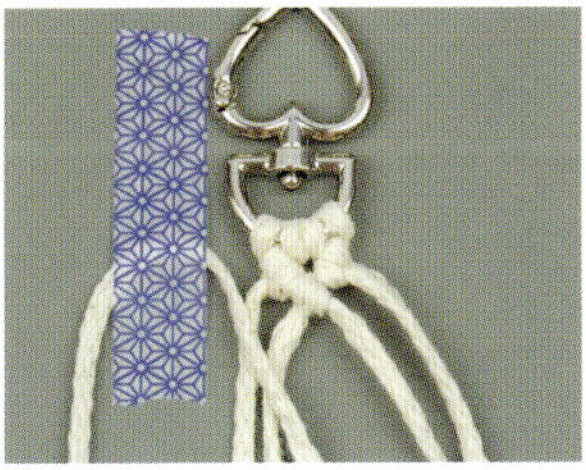

An ihn knüpfst du 2 diagonale Rippenknoten nach rechts.

Dasselbe wiederholst du auf der anderen Seite, in die andere Richtung. Befestige einen weiteren doppelt genommenen Faden mithilfe des Klebebands neben deinem Karabiner. Der linke Teil dieses Fadens ist dein Leitfaden. An ihn knüpfst du 2 diagonale Rippenknoten nach links.

Die entstandene Lücke schließt du mit einem weiteren Rippenknoten nach rechts. Knüpfe diesen mit den mittleren beiden Fäden, der linke Faden ist der Leitfaden.

Das Klebeband kannst du jetzt entfernen.

4 Nimm einen weiteren Garnfaden à 65 cm zur Hand. Diesen befestigst du mithilfe eines umgekehrten horizontalen Ankerstiches an dem linken äußeren Faden.

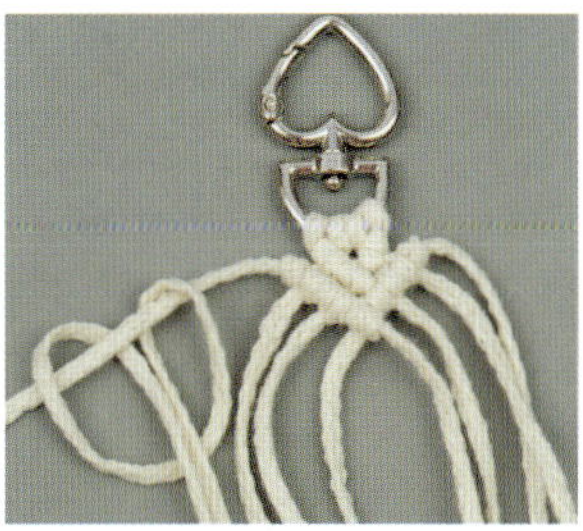

Nachdem du diesen festgezogen hast, legst du die linke Seite des neuen Fadens nach links über den alten und ziehst ihn von hinten durch die entstandene Schlaufe nach vorne. Dasselbe machst du mit dem rechten neuen Faden. Ihn legst du nach rechts über den alten und ziehst ihn ebenfalls von hinten durch die entstandene Schlaufe nach vorne.

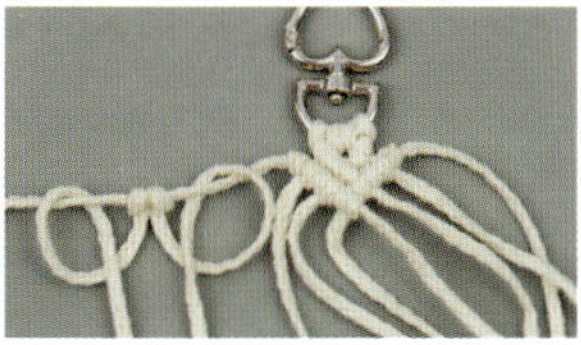

Ziehe alles fest und schiebe die entstandenen Knoten nach oben, so dass sie bündig an deinem bisher geknüpften Teil anschließen.

5 Wiederhole Schritt 4 an dem rechten äußeren Faden.

6 Jetzt knüpfst du den Mittelteil. Lege die linken beiden Fäden beiseite. Der dritte Faden ist dein Leitfaden.

An ihn knüpfst du 3 diagonale Rippenknoten nach rechts.
Anschließend legst du die rechten beiden Fäden beiseite und knüpfst mit dem dritten Faden von rechts als Leitfaden 3 diagonale Rippenknoten nach links.

Die unten entstandene Lücke schließt du mit den mittleren beiden Fäden. Knüpfe einen diagonalen Rippenknoten nach links, der rechte Faden ist hierbei dein Leitfaden.

7 Knüpfe eine weitere Reihe diagonale Rippenknoten auf beiden Seiten. Lege hierfür in dieser Reihe allerdings nur den ganz linken und den ganz rechten Faden beiseite. Somit knüpfst du auf jeder Seite 4 diagonale Rippenknoten. Schließe die untere Lücke mit einem diagonalen Rippenknoten nach rechts.

8 Nun knüpfst du die abschließende Reihe. Beginne auf der linken Seite. Knüpfe einen diagonalen Rippenknoten nach rechts an den ganz linken Faden als Trägerfaden.

Dein Arbeitsfaden wird anschließend zum zusätzlichen Trägerfaden. Knüpfe den nächsten diagonalen Rippenknoten daher um beide Trägerfäden.

Auch nach diesem Knoten wird dein Arbeitsfaden wieder zu den bisherigen Trägerfäden gelegt und mit dem nächsten Arbeitsfaden wird der nächste Rippenknoten geknüpft. Nach jedem Knoten erhöht sich also die Anzahl deiner Trägerfäden um eins. Fahre so fort, bis du in der Mitte angekommen bist.

Anschließend wiederholst du dasselbe auf der rechten Seite, allerdings knüpfst du hier diagonale Rippenknoten nach links.

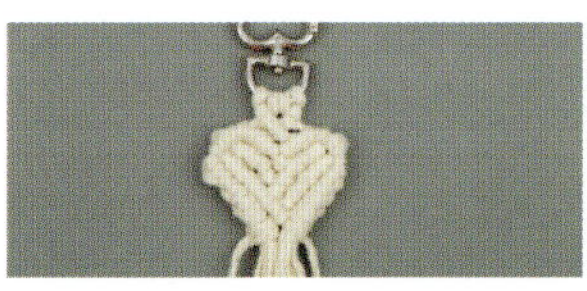

9 Knüpfe abschließend einen Kreuzknoten mit den äußeren beiden Fäden (dies sind die letzten beiden Arbeitsfäden der Vorreihe) um alle restlichen Fäden herum.

Schneide die Enden in der von dir gewünschten Länge ab.

Dein neuer Schlüsselanhänger ist jetzt bereit, deinen Schlüsselbund zu zieren oder mit Liebe verschenkt zu werden!

Blumenampel

FÜR SUKKULENTEN & CO.

MAßE

- Länge: ca. 30 cm
- Breite: ca. 8 cm

BENÖTIGTE MATERIALIEN

- 6 Garnfäden in Beige oder
- Natur à 1,5 m
- 2 Garnfäden à 30 cm für die beiden Wickelknoten
- Garnstärke: 2 mm
- 1 Holzring, ø ca. 3,5 cm
- Schere
- Meterstab

BENÖTIGTE KNOTEN

- Wickelknoten
- Kreuzknoten

1 Lege 2 Fäden à 1,5 m zusammen und ziehe diese durch den Holzring, bis die Mitte oben zum Liegen kommt.

Fixiere diese Fäden mithilfe eines Wickelknotens, den du aus einem der beiden Garnfäden à 30 cm wickelst. Schneide die Enden des Wickelknotens bündig ab.

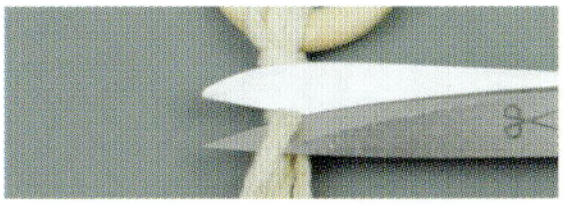

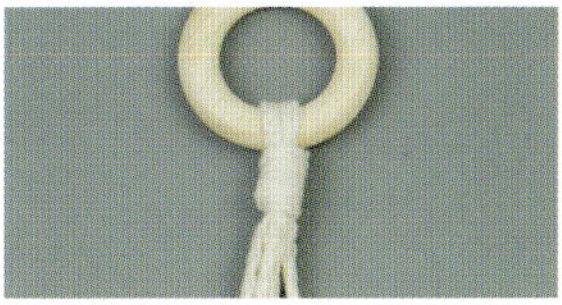

2 Für diesen Schritt benötigst du einen weiteren Garnfaden à 1,5 m. Lege diesen mit der Mitte hinter einen der 4 Fäden.

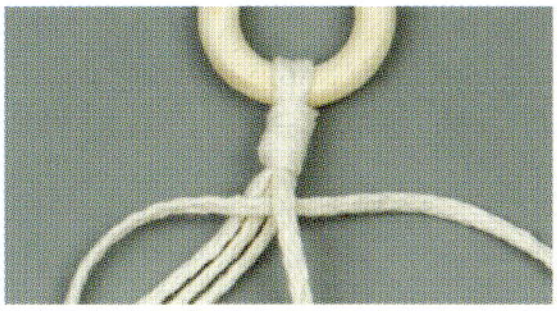

Dieser Faden stellt nun deine beiden Arbeitsfäden dar. Knüpfe hiermit den ersten Teil eines Kreuzknotens um den mittleren Faden herum.

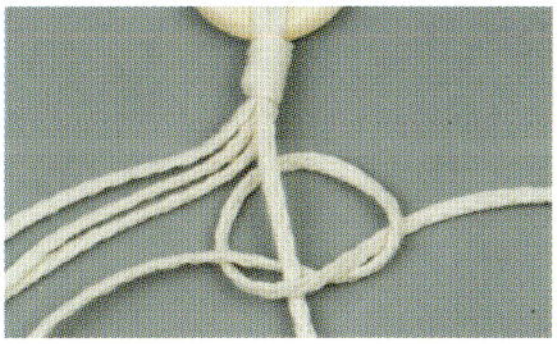

Ziehe diesen bündig an den Wickelknoten.

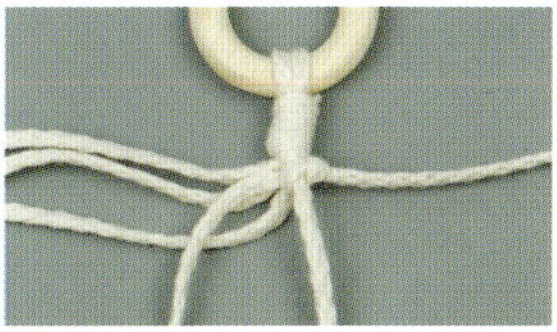

Knüpfe 29 weitere halbe Kreuzknoten. Dadurch ergibt sich ein Spiralmuster.

Ab und zu musst du daher deine beiden Arbeitsfäden von rechts nach links tauschen, weil sie sich mit dem Muster mitdrehen.

3 Wiederhole Schritt 2 an den restlichen 3 Fäden.

4 Verknüpfe die 4 Stränge untereinander. Hierfür knüpfst du einen normalen Kreuzknoten ca. 3 cm unter den Spiralsträngen. Benutze jeweils den mittleren Faden sowie den rechten Arbeitsfaden eines Stranges sowie den linken Arbeitsfaden des nächsten Stranges.

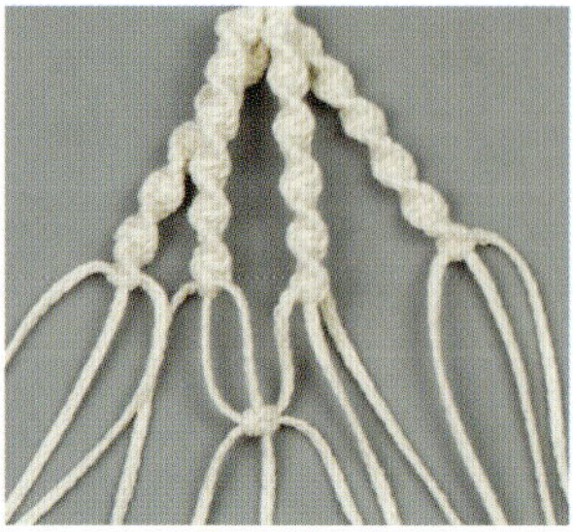

Wiederhole diesen Schritt ringsherum 3 weitere Male, bis du 4 Kreuzknoten geknüpft hast.

5 Wiederhole Schritt 4, bis nochmal im Abstand von 3 cm zur Vorreihe eine Reihe mit versetzten Kreuzknoten entsteht.

6 Fasse unten alle restlichen Fäden zusammen und fixiere sie mit einem weiteren Kreuzknoten, welcher ca. 3 cm unter der letzten Kreuzknotenreihe befestigt wird. Benutze hierfür den zweiten Garnfaden à 30 cm. Schneide die Enden des Wickelknotens bündig ab.

7 Schneide die unteren Fransen in der von dir gewünschten Länge ab.

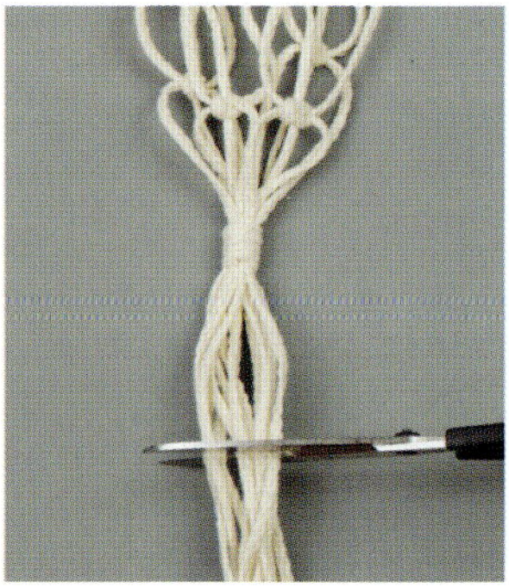

Feder

in drei Farben

Maße
- Länge ca. 19 cm
- Breite ca. 12 cm

Benötigte Materialien
- 4 Garnfäden à 1 m
- 2 Garnfäden à 70 cm für den Beerenknoten
- 6 Garnfäden à 30 cm für mehr Volumen an den Seiten
- Garnstärke: 3 mm
- 1x (Holz)ring, ø innen ca. 2 cm
- Schere
- Meterstab
- Kamm
- Haarspray

Benötigte Knoten
- Horizontaler Ankerstich
- Diagonaler Rippenknoten
- Beerenknoten (dieser Knoten ist nicht in der Grundanleitung enthalten, er wird in dieser Anleitung erklärt)

Garnfarben
- Beige, Altrosa, Natur

Sofort-Loslegen! Für dieses Modell sind alle Materialien im Set enthalten.

1 Befestige 4 Fäden à 1 m mithilfe des horizontalen Ankerstiches an deinem Holzring.

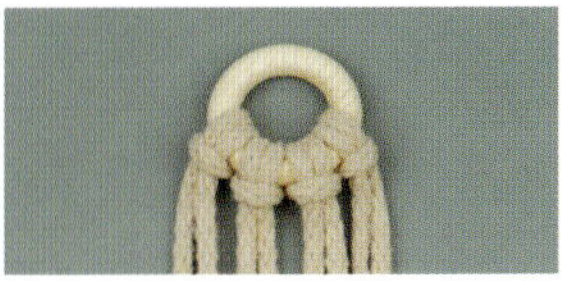

Drehe den Holzring einmal um, sodass die Vorderseite nach hinten zeigt, damit der horizontale Ankerstich von der Rückseite zu sehen ist.

Dieser sieht nämlich von hinten anders aus als von vorne. Für die Feder nutzen wir diesen Effekt und wählen die etwas schlichtere Rückseite.

2 Knüpfe beginnend von links an den linken Faden als Trägerfaden diagonale Rippenknoten nach rechts, insgesamt 3 Stück, bis du in der Mitte angekommen bist.

Für die zweite Reihe nimmst du wieder den ganz linken Faden als Trägerfaden und knüpfst 2 diagonale Rippenknoten nach rechts.

3 Von der rechten Seite aus knüpfst du anschließend an den rechten Faden als Trägerfaden diagonale Rippenknoten nach links, bis du auf der linken Seite angekommen bist, insgesamt 7 Stück.

Knüpfe auch in der Reihe darunter eine weitere Reihe diagonale Rippenknoten nach links, allerdings eine weniger als in der Vorreihe, d.h. nur 6 Stück.

4 Lege den linken Faden beiseite und starte mit dem zweiten Faden als Trägerfaden.

Knüpfe 2 diagonale Rippenknoten nach rechts.

Anschließend knüpfst du für die nächste Reihe mit dem zuvor beiseitegelegten, ganz linken Faden als Trägerfaden 2 weitere diagonale Rippenknoten nach rechts.

5 Knüpfe an den dritten Faden von rechts als Trägerfaden 2 diagonale Rippenknoten nach rechts.

Für die nächste Reihe knüpfst du an den vierten Faden von rechts 2 weitere diagonale Rippenknoten nach rechts.

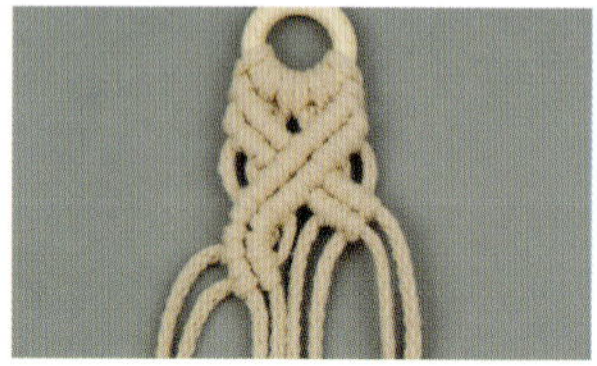

6 Knüpfe an den zweiten Faden von rechts als Trägerfaden 4 diagonale Rippenknoten nach links.

Anschließend knüpfst du an den ganz rechten Faden als Trägerfaden 4 diagonale Rippenknoten nach links.

7 Die Mitte der Feder besteht aus einem Beerenknoten. Hierfür benötigst du 2 Garnfäden à 80 cm. Diese fädelst du beide durch die entstandenen Schlaufen in der Mitte deines Makramees.

Knüpfe mit diesen 4 Strängen 3 Kreuzknoten. Achte darauf, dass die beiden Arbeitsfäden aus demselben Garnfaden entspringen.

Ziehe die mittleren beiden Fäden der Kreuzknoten von vorne nach hinten durch die obere Lücke, welche über dem ersten Kreuzknoten zu finden ist.

Von hinten holst du sie dir anschließend durch die untere Lücke, welche unter den Kreuzknoten zu finden ist.

Du hast die Fäden somit einmal hinter deinem Makramee hindurchgeführt. Nun liegen sie wieder als mittlere Fäden vor dir und du knüpfst nochmals einen Kreuzknoten mit denselben Arbeitsfäden wie davor, welchen du gut festziehst.

Dieser sitzt jetzt unterhalb von deinen 3 Kreuzknoten. Ziehe anschließend die mittleren Fäden wieder nach hinten, durch die untere Lücke, die beiden äußeren Fäden des Kreuzknotens ziehst du durch die beiden seitlichen Lücken hinter dein Projekt. Nun kannst du diese Fadenenden hinten verknoten. Drehe hierfür dein Projekt einmal auf die Rückseite. Verknote jeweils den inneren und den äußeren Faden des Kreuzknotens mit einem Doppelknoten und ziehe diesen gut fest, damit die Fadenenden gut fixiert sind und du sichergehst, dass der Knoten nicht wieder aufgeht.

Dann kannst du die Fadenenden bündig abschneiden

Kürze die Enden deiner Feder in ca. 19 cm Länge ausgehend vom unteren Teil des Holzringes auf eine Länge.

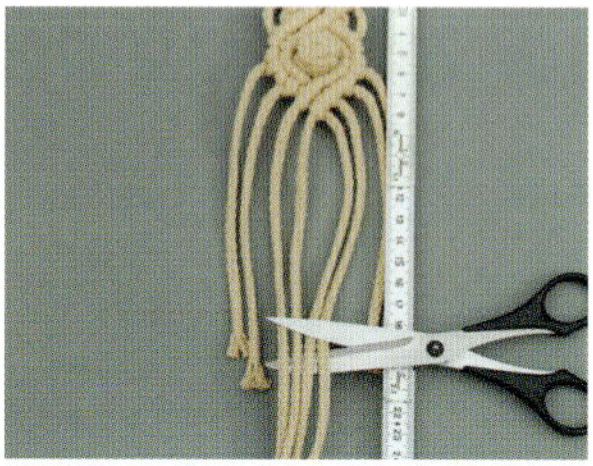

8 Damit deine Feder noch etwas mehr Volumen bekommt, befestigst du mithilfe des horizontalen Ankerstiches 3 Fäden à je 30 cm an der linken seitlichen Schlaufe und 3 Fäden à je 30 cm an der rechten Schlaufe der Feder.

9 Kämme nun alle Enden aus. Danach sprühst du sie für eine gewisse Festigkeit mit Haarspray ein.

Falls du mehrere Federn machen möchtest, dann empfehle ich dir, zuvor eine Schablone aus Pappe auszuschneiden, damit alle Federn gleich aussehen. Diese kannst du auf dein Projekt legen und die Feder an den Kanten entlang zuschneiden.

Natürlich kannst du die Feder für eine individuelle Form auch frei Hand zuschneiden.

Mein Tipp für dich

Mit dem Beerenknoten kannst du gut Struktur in deine Projekte bringen, da er sich plastisch von deinem Projekt abhebt. Sein Name kommt durch die Form zustande, welche an eine Beere erinnert.

Untersetzer-Trio

GEOMETRISCH SCHÖN

MAßE

- **Rechteck:** Länge ca. 14 cm, Breite ca. 8 cm
- **Kreis:** ø ca. 14,5 cm
- **Herz:** Länge ca. 11 cm, Breite ca. 13 cm

BENÖTIGTE MATERIALIEN

- Rechteck: 8 Garnfäden à 1 m
- Kreis/Herz: 8 Garnfäden à 90 cm
- Garnstärke: 4 mm
- Schere
- Meterstab
- Rundholz, ø mind. 2 cm/leere Garnrolle

BENÖTIGTE KNOTEN

- Horizontaler Ankerstich
- Kreuzknoten

GARNFARBEN

- Kreis: Beige
- Rechteck: Natur/Beige/Altrosa
- Herz: Altrosa
- Rechteck: Natur

1 Falls du eine leere Garnrolle zur Hand hast, kannst du diese für die Aufhängung deines Projektes nutzen. Alternativ kannst du ein Rundholz verwenden, das einen Mindestdurchmesser von 2 cm haben sollte. An diesem befestigst du mithilfe des horizontalen Ankerstiches 8 Garnfäden à 1 m.

Dieser Schritt ist für alle drei Formen gleich. Wähle nun deine Untersetzerform.

Rechteck

2 Knüpfe eine Reihe mit 4 Kreuzknoten.

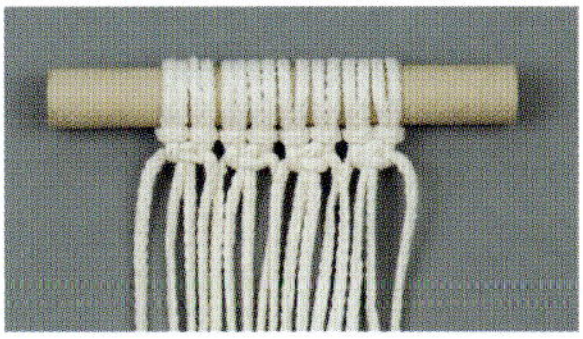

Die nächste Reihe besteht aus 3 Kreuzknoten. Lege die ersten beiden und die letzten beiden Fäden beiseite und knüpfe die 3 Kreuzknoten mit den übrig gebliebenen Fäden.

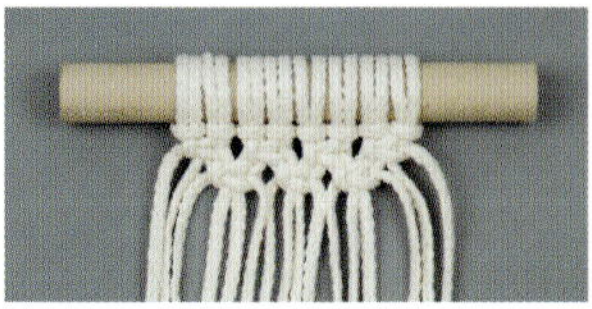

3 Wiederhole Schritt 2 weitere 3 Mal.

Knüpfe anschließend noch eine weitere Reihe mit 4 Kreuzknoten.

4 Ziehe nun den Stab bzw. die alte Garnrolle heraus.

Schneide die Enden deines Projektes auf beiden Seiten in ca. 3,5 cm Länge ab.

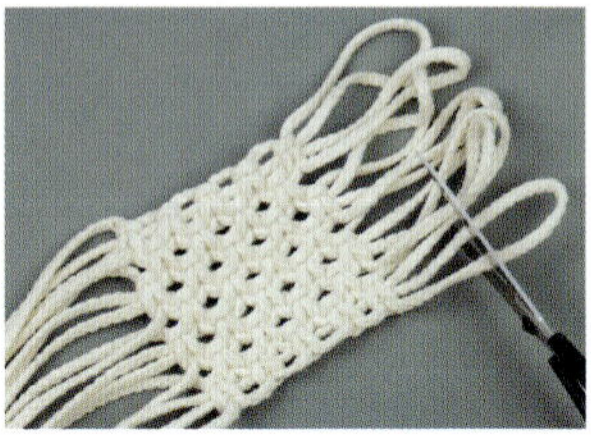

Kämme die Enden aus.

Fixiere sie nun mit Haarspray und kürze die Enden in der Länge, die dir gefällt.

Die Ecken runde ich immer noch etwas ab, damit sie nicht so hart sind.

MEIN TIPP FÜR DICH

Fertige dir Schablonen an, mit welchen das Schneiden der Fransen besser gelingt. Ich benutze für den rechteckigen Untersetzer eine Schablone mit 3 cm Breite.

Kreis

2 Lege die ersten 4 und die letzten 4 Fäden beiseite und knüpfe mit den übrig gebliebenen Fäden 2 Kreuzknoten.

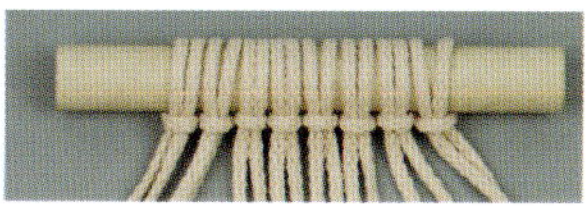

Für die nächste Reihe legst du die ersten und die letzten 2 Fäden beiseite und knüpfst 3 Kreuzknoten mit den übrigen Fäden.

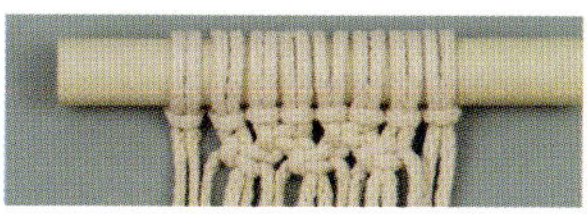

3 Knüpfe eine Reihe mit 4 Kreuzknoten. Die nächste Reihe besteht aus 3 Kreuzknoten. Lege die ersten beiden und die letzten beiden Fäden beiseite und knüpfe die 3 Kreuzknoten mit den übrig gebliebenen Fäden.

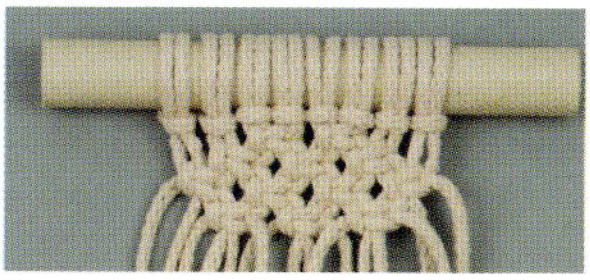

4 Wiederhole Schritt 3 noch ein weiteres Mal.

Knüpfe eine weitere Reihe mit 2 Kreuzknoten. Lege hierfür wieder die ersten 4 und die letzten 4 Fäden beiseite.

5 Entferne die Garnrolle bzw. das Rundholz. Anschließend schneidest du die Fransen alle auf die gleiche Länge (ca. 5 cm), aber bereits in einer Kreisform um deinen Untersetzer herum.

Nimm 2 der am längsten abgeschnitten Fransen und befestige sie mithilfe des horizontalen Ankerstiches an den Schlaufen, die sich rechts und links befinden, damit du später keine Lücken in den Fransen hast.

Drehe anschließend deinen Untersetzer um, damit die Seite mit dem umgekehrten horizontalen Ankerstich oben liegt.
Kämme die Enden aus, fixiere sie mit Haarspray und schneide sie in Kreisform. Hierfür benutze ich als Schablone eine Glasschüssel, welche den Durchmesser hat, den auch mein Untersetzer später haben soll. Platziere diese mittig und schneide um die Kanten herum die Fransen ab.

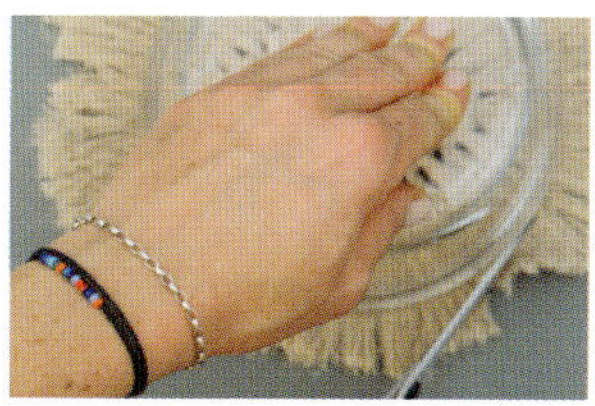

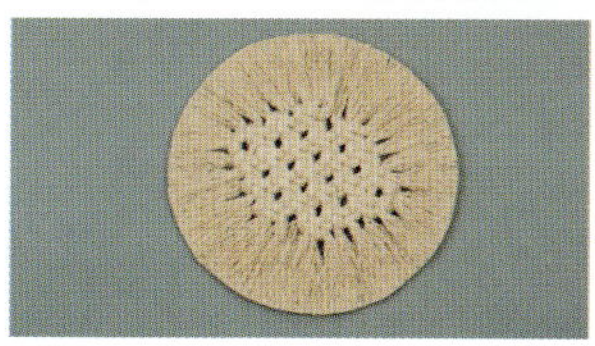

MEIN TIPP FÜR DICH

Das Abschneiden der Fransen geht besonders gut an einer Tischkante, an welcher du den Teil deines Makramees überstehen lassen kannst, welcher gerade geschnitten wird.

HERZ

2 Lege die ersten beiden Fäden beiseite und knüpfe mit den kommenden 4 Fäden deinen ersten Kreuzknoten. Lege 4 weitere Fäden beiseite und knüpfe mit den nächsten 4 Fäden den zweiten Kreuzknoten in der ersten Reihe.

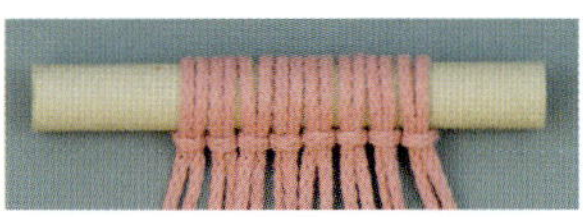

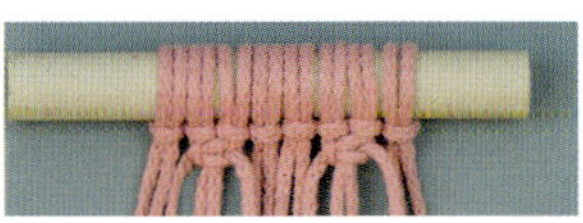

3 Knüpfe eine Reihe mit 4 Kreuzknoten. Die nächste Reihe besteht aus 3 Kreuzknoten. Lege die ersten beiden und die letzten beiden Fäden beiseite und knüpfe die 3 Kreuzknoten mit den übrig gebliebenen Fäden.

4 Wiederhole Schritt 3 noch ein weiteres Mal.

Lege die ersten 4 und die letzte 4 Fäden beiseite und knüpfe mit den restlichen Fäden eine Reihe mit 2 Kreuzknoten.
Die letzte Reihe besteht aus einem Kreuzknoten. Knüpfe diesen mit den mittleren 4 Fäden.

5 Entferne die Garnrolle bzw. das Rundholz. Anschließend schneidest du die Fransen alle auf die gleiche Länge (ca. 5 cm), aber bereits in einer Herzform um deinen Untersetzer herum. Nimm 2 der längsten abgeschnitten Fransen und befestige sie mithilfe des horizontalen Ankerstiches an den Schlaufen, die sich rechts und links befinden, damit du später keine Lücken in den Fransen hast.

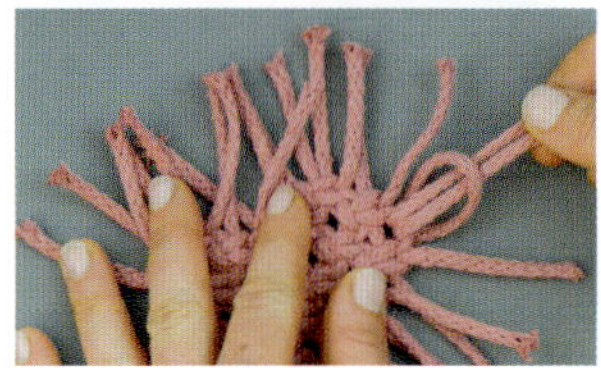

Drehe anschließend deinen Untersetzer um, damit die Seite mit dem umgekehrten horizontalen Ankerstich oben liegt.
Kämme die Enden aus, fixiere sie mit Haarspray und schneide sie dann nochmals zu.

PIA DEGES

BASTELN MIT NATURMATERIAL

NATUR ENTDECKER

INHALTSVERZEICHNIS

MATERIALIEN

HALTBARKEIT

In der Natur gibt es so viel zu entdecken und zu sammeln – und das praktisch zu jeder Jahreszeit! Einige Fundstücke, wie z. B. Äste, Stöcke oder Nüsse, kannst du lange aufbewahren, ohne dass sie sich sehr verändern. Andere verändern sich, weil sie trocknen und dann schrumpelig werden oder zerbröseln.

KASTANIEN LÄNGER FRISCH HALTEN

Kastanien findet man in ursprünglicher Form und Farbe nur im Herbst. Da glänzen sie schön und sind ganz glatt. Um sie länger frisch zu halten, solltest du sie in eine Plastiktüte, zusammen mit ein paar Kastanienblättern, legen. Wenn du die Tüte dann noch draußen auf dem Balkon oder im Garten und nicht in der warmen Wohnung aufbewahrst, halten sie sich 4–6 Wochen. Irgendwann fangen sie dann aber an zu schimmeln, also immer mal wieder kontrollieren.

ZAPFENSTREICH

Frisch gesammelt sind Zapfen im Herbst meist noch recht feucht und nicht so schön kugelig rund. Feuchte Tannen-, Fichten- oder Lärchenzapfen entwickeln ihre eigentliche Pracht erst, wenn sie an einem warmen Ort (vielleicht sogar in der Nähe der Heizung) trocknen dürfen. Dann falten sich die einzelnen Spitzen auseinander und ein runderer Zapfen entsteht.

NÜSSE

Walnüsse, Haselnüsse, Erdnüsse und viele andere Nussarten bekommt man fast das ganze Jahr über in gut sortierten Supermärkten. Erdnüsse lassen sich prima mit einer Prickelnadel durchbohren. Für Walnüsse und Haselnüsse brauchst du wegen der harten Schale den Kastanienbohrer aus dem Set.

STEINE

Steine sind ewig haltbare und dankbare Fundstücke für deine Bastelkiste. Halte deine Augen gut auf! Je nachdem, was du basteln willst, brauchst du flache, kleine, runde oder dicke Steine. Manchmal sieht man auch einen Stein und weiß sofort, was man daraus Schönes basteln will. Vielleicht inspirieren dich die Bastelideen aus diesem Buch dazu, dir ein Projekt mit Steinen zu überlegen.

BLÜTEN UND BLÄTTER PRESSEN

Es gibt Blätter- und Blütenpressen zu kaufen. Am günstigsten ist es, wenn du deine Fundstücke in dicken Büchern trocknen lässt. Sammle oder pflücke Blätter und Blüten nur, wenn es trocken ist. Säubere sie vorher gut, damit sie keine Flecken hinterlassen. Dann legst du sie zwischen ein paar Buchseiten und stapelst weitere Bücher auf das geschlossene Buch. Nach zwei Wochen kannst du deine gepressten Blätter z. B. auf Postkarten aufkleben oder als Hintergrund für deine Figuren benutzen. Aber sei schön vorsichtig! Getrocknete Blätter und Blüten sind empfindlich und brechen leicht.

HÜLLEN

Kastanien, Esskastanien und auch Bucheckern haben hübsche Hüllen, mit denen man tolle Sachen basteln kann. Sie alle aber haben eins gemeinsam: sie piksen ein bisschen. Aber das sollte dich nicht abschrecken. Fasse sie schön vorsichtig an und drücke deine Finger nicht zu fest in die Stacheln, dann kann nichts passieren.

DEINE WERKZEUGKISTE

SCHASCHLIKSPIESSE/ZAHNSTOCHER

Sie sind eine echte Geheimwaffe! Zum einen kannst du Kastanien, Eicheln usw. auf die Spieße aufpiken und sie so leichter bemalen. Zum anderen kannst du mit den Schaschlikspießen auch ganz wunderbar malen. Mit der Spitze zeichnest du zarte Linien, mit dem stumpfen Ende lassen sich gut Punkte, z. B. für Augen, auftupfen. Schaschlikspieße, aber auch Zahnstocher, können Löcher bohren oder z. B. Kastanien oder Eicheln miteinander verbinden. Du kannst sie einfach mit einer Schere in passende Stücke schneiden.

KASTANIENBOHRER

Mit dem Bohrer aus dem Set kannst du nicht nur Kastanien durchbohren, sondern auch Holz, Eicheln, Zapfen oder andere Naturmaterialien.

SCHMIRGELPAPIER

Für manche Projekte brauchst du Äste ohne Rinde. Bei einigen Stöcken, die du im Wald findest, löst sich die Rinde ganz einfach ab. Bei anderen kannst du mit einem scharfen Messer ein bisschen nachhelfen. Oder du schmirgelst die Rinde mit Schmirgelpapier ab.

PRICKELNADEL

Mit dieser Nadel kannst du blitzschnell Löcher in Kastanien und Eicheln vorbohren. Sie ist sehr spitz, also pass schön auf, dass du dich nicht verletzt!

KASTANIENHALTER

Mit diesem praktischen Halter aus dem Set kannst du nicht nur Kastanien festhalten, sondern auch Nüsse und Eicheln. Auf diese Weise kannst du ganz leicht Löcher in deine Fundstücke bohren, ohne dich dabei zu verletzen.

Tipps rund um Farbe

Einweghandschuhe

Einweghandschuhe sind eine prima Hilfe gegen matschige Farbfinger. Du bekommst sie im Drogeriemarkt. Wenn sie schmutzig sind, kommen sie in den Müll und deine Hände sind immer noch sauber.

Pinsel

Pinsel gibt es in verschiedenen Stärken und Qualitäten. Ganz normale Borsten- und Haarpinsel aus dem Bastelladen reichen aus. Es ist immer gut, verschiedene Breiten zu haben. Ein altes Marmeladenglas mit Wasser hilft dir beim Auswaschen der Pinsel, so bleiben sie auch länger schön.

Weniger ist mehr!

Streiche ein Modell lieber zweimal dünn an als einmal dick. Zu viel Farbe auf einmal macht Streifen.

Pappteller

Auf Papptellern kannst du die Acrylfarbe in kleinen Klecksen zwischenlagern, bevor sie mit dem Pinsel auf dein Kunstwerk wandert. Auch lassen sich auf Papptellern prima Farben mischen.

Permanentmarker

Diese Superstifte können akkurat zeichnen, decken ganz toll und halten auf den unterschiedlichsten Materialien. Als Grundstock eignen sich die Farben Schwarz, Weiß und Rosa am besten.

Tipps rund ums Kleben

Bastelkleber, Klebestift und Alleskleber sind super und sollten zu deiner Grundausstattung gehören.
Mit dem Klebestift kannst du prima Papier oder Tonpapier auf- oder zusammenkleben. Flüssigkleber wellt das Papier leicht. Er eignet sich zum Ankleben von Kleinteilen und vor allem zum punktgenauen Kleben, z. B. von Wackelaugen.
Mit Zahnstochern oder Schaschlikspießen kannst du auch kleine Mengen Kleber auftragen. Willst du Klebstoff flächig auftragen, eignet sich auch ein Stück Pappe.

Kastanien-Crew

1 Zuerst durchbohrst du mit dem Kastanienbohrer aus dem Set das untere Drittel einer Kastanie einmal quer. Benutze dazu den beiliegenden Kastanienhalter. Fädle ein ca. 10 cm langes Stück Schnur durch eine Sticknadel und schiebe es durch dein gebohrtes Loch, sodass am Ende Schnur zu beiden Seiten herausschaut.

Material

- Kastanien
- Eicheln
- Esskastanien- und Kastanienhüllen
- Permanentmarker in Weiß, 0,8 mm
- Acrylfarbe
- Pinsel
- Schaschlikspieße
- je 2 Wackelaugen, ø 7 mm
- Baumwollschnur in Hellblau, Grün und Pink
- Bastelkleber
- dicke Sticknadel mit großem Nadelöhr
- Kastanienhalter
- Kastanienbohrer

2 Für die Haare deiner Männchen bemalst du zunächst ein paar Kastanien- und Esskastanienhüllen mit Acrylfarbe und lässt sie gut trocknen. Klebe zwei Wackelaugen auf und male mit Permanentmarker Nase und Mund. Dann klebst du die Haare mit etwas Bastelkleber oben auf deine Männchen.

3 Jetzt bohrst du in die Spitze von zwei Eicheln jeweils ein Loch. Am besten geht das mit deinem Kastanienhalter und -bohrer. Gib einen Tropfen Bastelkleber auf die Schnurenden und stecke sie dann mithilfe einer Nadelspitze in die Lochöffnung der beiden Eicheln. Das sind jetzt die Beine deines Kastanien-Männchens.

4 Schneide einen Schaschlikspieß in 2,5 cm lange Stücke und stecke diese als Arme und Hals in die vorgebohrten Stellen. Dann bohrst du ein Loch in eine weitere Kastanie und steckst sie auf den Unterkörper deiner Figur. Als Nächstes bohrst du zwei Löcher für die Arme rechts und links seitlich in die Kastanie. Oben bohrst du mittig ein Loch für den Hals.

OKTOPUS-SCHWARM

MATERIAL

- Walnusshälften
- Kreuzschlitz-Schraubenzieher
- Permanentmarker in Rot, Schwarz und Rosa
- Styropor®- oder Wattekugel, ø 10 mm
- Baumwollschnur, ca. 20 cm lang
- Geschenk- und Satinbänder, Schnur, je ca. 20 cm lang
- Alleskleber
- Schere
- Küchenmesser
- Kastanienbohrer

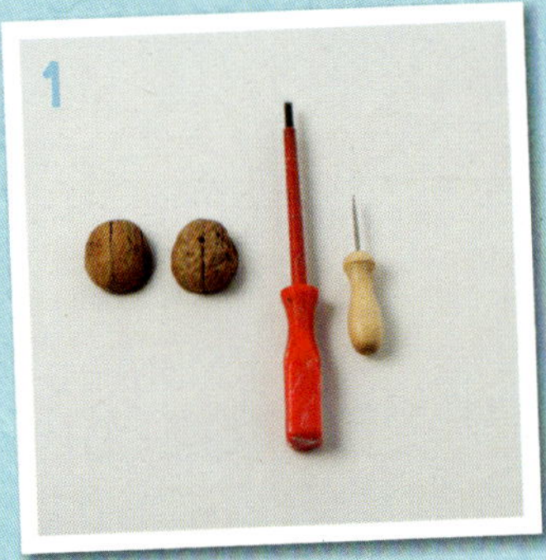

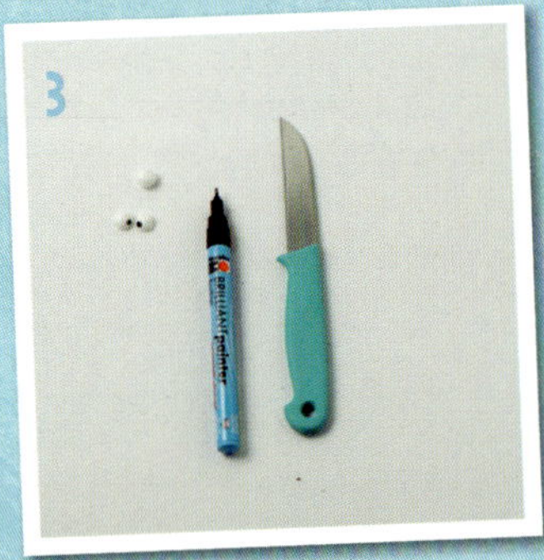

1 Die Walnuss musst du zuerst mit einem Kreuzschlitz-Schraubenzieher in zwei Hälften teilen. Am besten, du lässt dir dabei von einem Erwachsenen helfen.

2 Dann bohrst du mithilfe des Kastanienbohrers aus dem Set ein Loch mittig in die vor dir liegende Walnusshälfte. Es sollte so groß sein, dass du etwas Schnur hindurchfädeln kannst. Schneide ein 20 cm langes Stück Baumwollschnur zurecht und fädle es durch das Loch. Verknote das innen liegende Ende der Schnur doppelt, sodass es nicht herausrutschen kann.

3 Jetzt halbierst du die Styropor®- oder Wattekugel vorsichtig mit einem Küchenmesser. Auch hierbei kann dir vielleicht ein Erwachsener helfen. Dann klebst du die Hälften als Augen vorne auf eine der Längsseiten der Walnusshälften.

4 Mit Permanentmarker zeichnest du jetzt Pupillen auf die Wattekugeln und Mund und rosa Bäckchen auf die Walnusshälfte als Gesicht auf.

5 Schneide 4–5 verschiedenfarbige Geschenkbänder auf eine Länge von ungefähr 20 cm zurecht; sie dürfen ruhig unterschiedlich lang sein. Lege sie übereinander und verknote sie in der Mitte mit einem extra Band. Den Knoten klebst du innen in die Walnusshälfte und schon hat dein Oktopus Arme!

THEATER FÜR DIE HOSENTASCHE

1 Zuerst malst du die Eichelkappen außen mit Acrylfarbe an und lässt die Farbe gut trocknen. Zeichne mit Permanentmarker Gesichter auf die Eicheln. Dann bohrst du mit deinem Kastanienbohrer und Kastanienhalter aus dem Set mittig ein Loch in die Unterseite der Eichel und steckst einen halben Schaschlikspieß in das Loch.

2 Für die Haare wickelst du jeweils ein ca. 30 cm langes Stück Baumwollgarn oder Wolle mehrmals um zwei oder drei deiner Finger zu einem kleinen Knäuel. Verknote das Knäuel in der Mitte mit einem zusätzlichen Faden und schneide die Schlaufen rechts und links auf. Dann kannst du die Haare mit Bastelkleber oben auf deine Eichelpuppe aufkleben. Die bemalte Eichelkappe klebst du als Mütze auf die Haare.

MATERIAL

- Eichel und Eichelkappen
- Schaschlikspieße
- Permanentmarker in Weiß, Schwarz, Rot und Rosa
- Baumwollgarn in Gelb, Orange und Weiß
- Streichholzschachtel, 11 cm x 6 cm x 2 cm
- Tonpapierreste, bunt
- Stoffrest, rot-weiß-gestreift
- spitze Schere
- Bastelkleber
- Acrylfarbe in Gelb und Hellblau
- Pinsel
- Kastanienhalter
- Kastanienbohrer

Vorlage Seite 30

3 Für das Mini-Puppentheater ziehst du eine große Streichholzschachtel auseinander. Du brauchst nur den äußeren Teil. Dann zeichnest du nach Vorlage die Aussparung auf. Stich mittig mit einer spitzen Schere in die Schachtel und schneide dann vorsichtig das Guckloch heraus.

4 Den Vorhang schneidest du, ebenfalls nach Vorlage, aus dem gestreiften Stoffrest zu. Aus buntem Tonpapier schneidest du die weiteren Verzierungen aus und klebst sie auf die Schachtel.

SCHMUCKE KETTEN

MATERIAL

- Eicheln
- Eichelkappen, flach
- Holzperlen in verschiedenen Farben, ø 1 cm
- Papierstrohhalme in verschiedenen Farben
- Pompons in verschiedenen Farben, ø 2 cm
- Schnur, 1 m lang
- Schere
- Nadel mit großem Nadelöhr
- Acrylfarbe in Grün, Hellblau, Orange, Pink und Weiß
- Pinsel
- Permanentmarker in Weiß, Pink, Orange und Grün
- Kastanienhalter
- Kastanienbohrer

1

1 Durchbohre die Eicheln einmal der Länge nach mit dem Kastanienbohrer aus dem Set. Ebenfalls mit dem Kastanienbohrer bohrst du ein Loch in die Mitte der Eichelkappen. Am einfachsten geht das, wenn du die Eicheln vorher in den beiliegenden Kastanienhalter einspannst.

2

2 Male das Innere der Eichelkappen mit bunter Acrylfarbe an und lass sie trocknen.

3 Die Eicheln verzierst du, indem du weiße Kreise mit Permanentmarker aufmalst und die Farbe trocknen lässt. Mit andersfarbigen Permanentmarkern malst du dann noch einen kleinen Punkt mittig auf die weißen Kreise.

3

1 Schneide die Papierstrohhalme in 15–25 mm lange Stücke. Lege alle Ketten-Einzelteile (Eicheln, Eichelkappen, Pompons, Holzperlen und Strohhalmstücke) in der von dir gewünschten Reihenfolge nebeneinander.

5 Fädle eine 1 m lange Schnur auf eine Nadel mit großem Nadelöhr auf und verknote eines der Schnurenden. Jetzt kannst du die einzelnen Teile nacheinander auf die Schnur auffädeln, bis die Kette die richtige Länge für dich hat. Zum Schluss verknotest du die Schnurenden.

SCHÄFCHEN AUF DER WEIDE

MATERIAL

- Kastanien
- Eicheln
- Eichelkappen
- je 1 Pompon, ø 15 mm
- Filzreste in Braun und verschiedenen Farben
- Zahnstocher
- Permanentmarker in Weiß und Schwarz
- Acrylfarbe in Weiß
- Pinsel
- Schere
- Alleskleber
- Kastanienhalter
- Kastanienbohrer

Vorlage Seite 30

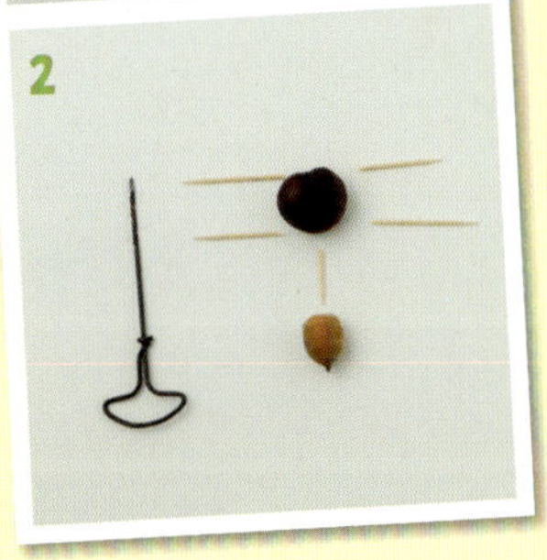

1 Bemale die Eichelkappen mit weißer Acrylfarbe und lass sie trocknen. Dann klebst du mit Alleskleber einen bunten Pompon auf.

2 Lege die Kastanie in den Halter. Stich vier Löcher für die Beine mit dem Bohrer in die Kastanien-Unterseite. Stecke in jedes Loch einen Zahnstocher mit etwas Alleskleber an der Spitze. Brich oder schneide dazu den Zahnstocher auf 2 cm Länge zurecht und achte auf Standfestigkeit. Die Beine sollten alle leicht nach außen zeigen, damit das Schaf später stabil steht.

3 Mit dem Kastanienbohrer bohrst du ein Loch für den Hals in die Kastanie, ein weiteres bohrst du in die Eichel. Verbinde Kastanie und Eichel mit einem 2 cm langen Stück Zahnstocher. Kleber an den Spitzen nicht vergessen.

4 Jetzt schneidest du nach Vorlage die Ohren aus braunem Filz und einen Schal aus buntem Filz zu. Klebe die Ohren seitlich an das Schaf. Den Schal knotest du um den Hals. Klebe die Mütze mit Alleskleber oben auf den Kopf. Zum Schluss malst du dem Schaf noch Augen mit Permanentmarker.

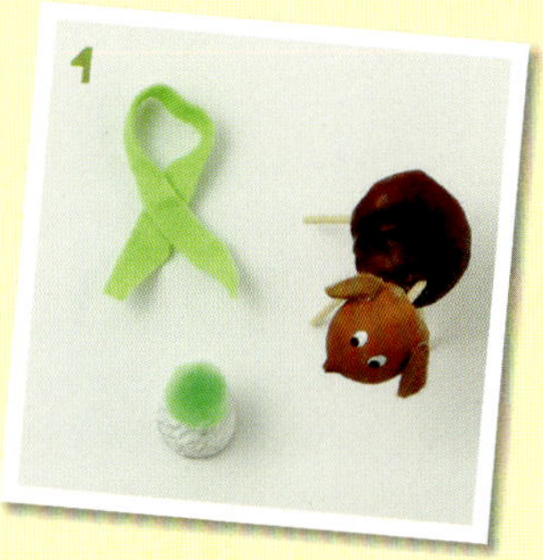

SUPERHELDEN

IM EINSATZ

MATERIAL

- je 1 Stück Birkenast, ø 5 cm, ca. 15 cm hoch
- je 4 Kastanien
- Acrylfarbe in Rosa
- Pinsel
- Wolle in Gelb
- Filz in Schwarz und Blau
- Tonpapier in Gelb und Rot
- Schere
- je 1 Holzperle in Pink, ø 10 mm
- Permanentmarker in Pink und Schwarz, 0,8 mm
- Schnur
- Schmirgelpapier
- Alleskleber
- Nadel mit großem Nadelöhr
- Kastanienbohrer
- Kastanienhalter

Vorlagen Seite 31

1 Nimm einen glatt abgesägten Birkenast und reibe mit Schmirgelpapier die Rinde vom vorderen Drittel ab, sodass eine Gesichtsfläche entsteht.

2 Durchbohre den Ast mittig und am unteren Ende einmal ganz mit dem beiliegenden Kastanienbohrer. Die Kastanien durchbohrst du ebenfalls einmal der Länge nach. Nimm dafür den Kastanienhalter aus dem Set.

3 Bemale die Gesichtsfläche mit Acrylfarbe und lass sie trocknen.

4 Für die Haare wickelst du ein Wollknäuel ca. 20-mal um deine Handfläche und ziehst es dann ab. Verknote die Mitte mit einem zusätzlichen Faden und schneide die Schlaufen an den Seiten mit einer Schere auf. Die Wuschelhaare klebst du mit Alleskleber oben auf dem Ast fest.

5 Schneide nun nach Vorlage Umhang und Augenbinde aus Filz zu. Klebe die Augenbinde auf das Gesichtsfeld. Dann zeichnest du Augen und Mund mit Permanentmarker auf und klebst eine pinkfarbene Holzperle als Nase auf.

6 Aus einem 20 cm langen Stück Schnur werden die Arme. Fädle es durch eine Nadel, verknote ein Ende und fädle es dann durch eine Kastanie. Dann schiebst du die Nadel durch den vorgebohrten Ast und fädelst sie schließlich nochmals durch die andere Kastanie. Ende verknoten, fertig. Für die Beine nimmst du ein 30 cm langes Stück Schnur und verfährst genauso.

7 Schneide Kreis und Stern nach Vorlage aus Tonpapier zu und klebe sie übereinander. Dann klebst du sie vorne mittig auf. Umhang ankleben, fertig!

Walnuss-Clown

Material

- 1 dicke Walnuss
- Wolle in Orange
- Toilettenpapierrolle
- Acrylfarbe in Rot
- Pinsel
- Permanentmarker in Schwarz
- Fotokarton in Weiß und Gelb
- Schere
- Pompon in Rot, ø 10 mm
- Stoffrest, ca. 10 cm x 15 cm
- Alleskleber
- Schaschlikspieß
- Kastanienhalterhalter
- Kastanienbohrer

Vorlagen Seite 30

1 Schneide aus Fotokarton Mund, Augen und Fliege für den Clown nach Vorlage zurecht. Zeichne Augen und Mund mit Permanentmarker fertig.

2 Jetzt bohrst du mit dem Kastanienbohrer aus dem Set ein Loch unten in die Walnuss und steckst einen Schaschlikspieß mit Alleskleber an der Spitze hinein. Am leichtesten geht das, wenn du dafür den Kastanienhalter benutzt. Klebe dem Clown dann Augen und Mund auf. Die Haare klebst du rechts und links seitlich an die Walnuss, der rote Pompon wird als Nase angeklebt.

3 Wickle orangefarbene Wolle um zwei Finger, ziehe das Knäuel ab und verknote die Mitte mit einem zusätzlichen Faden. Wiederhole das Ganze noch einmal.

4 Bemale eine leere Klorolle mit roter Acrylfarbe und lass sie trocknen.

5 Schneide ein ca. 10 cm x 15 cm großes Stück Stoff zurecht. Klebe den unteren, länglichen Rand des Stoffes mit Alleskleber einmal rings um die Klorolle.

6 Jetzt steckst du den Clown mit dem Schaschlikspieß von unten durch die Klorolle und raffst den oberen Rand vom Stoff zusammen. Schneide einen Wollfaden zu und knote ihn um Stoff und Schaschlikspieß.

7 Zum Schluss kannst du mit Alleskleber die Fliege vorne über den Wollknoten kleben. Fertig ist dein Gute-Laune-Clown!

COOLE KRACHMACHER

MATERIAL

- Ast mit Astgabel, ca. 35 cm lang
- Kastanien
- Eicheln
- Eichelkappen
- Holzperlen
- Stoffreste
- Bindedraht, 0,7 mm stark
- 100er-Schleifpapier
- Klebestift
- Kastanienbohrer
- Kastanienhalter

1 Entferne zuerst die Rinde vom Ast. Manchmal kann man sie mit den Fingern einfach abschälen. Wenn sie fester sitzt, geht es mit Schleifpapier am einfachsten.

2 Aus Stoffresten reißt du nun ca. 1 cm breite Streifen zurecht und umwickelst damit der Reihe nach den „Griff" vom Ast. Dazu klebst zu den Anfang des Streifens mit Klebestift am Ast fest, umwickelst ihn dann und klebst das Ende ebenfalls mit Kleber fest. Wenn du farblich unterschiedliche Stoffe nimmst, bekommst du einen schönen bunten Griff.

3 Als Nächstes durchbohrst du Eicheln, Eichelkappen und Kastanien mit dem Kastanienbohrer aus dem Set. Nimm dafür den Kastanienhalter zur Hilfe. Dann schneidest du ein ausreichend langes Stück Draht zu. Es sollte zweimal so lang sein wie der Abstand zwischen deinen Astgabelspitzen.

4 Fädle nun der Reihe nach Eicheln, Holzperlen, Eichelkappen, Glöckchen und Kastanien auf. Halte den Draht zwischen die Astspitzen und kontrolliere. Es sollte auf beiden Seiten noch etwas Platz sein, damit sich die Perlen, Glöckchen und Naturmaterialien noch bewegen können. Nur so machen sie Krach.

5 Jetzt wickelst du die Drahtenden jeweils um die Astspitzen der Astgabel und verzwirbelst die Enden. Fertig ist dein Krachmacher!

GLUBSCH-AUGEN

MATERIAL

- 2 Walnüsse
- Chenilledraht in Rot, 30 cm lang
- 2 Wackelaugen, ø 25 mm
- Fotokarton in Weiß, DIN A6
- Schere
- Alleskleber
- Kastanienhalter
- Kastanienbohrer

Vorlage Seite 30

1 Schneide nach Vorlage die Wimpern aus weißem Fotokarton aus. Die Wackelaugen klebst du dann mit Alleskleber mittig auf die dafür vorgesehene Fläche. Lass den Kleber trocknen.

2 Mit deinem Kastanienbohrer bohrst du jeweils ein Loch mittig in die längliche Seite jeder Walnuss. Am besten geht das, wenn du die Nuss mit dem Kastanienhalter aus dem Set festhälst. Jetzt schneidest du ein 15 cm langes Stück Chenilledraht zu.

3 Gib etwas Kleber auf die Spitzen des Chenilledrahtes und schiebe die Enden dann in die vorgebohrten Löcher der Walnuss. Lass den Kleber trocknen.

4 Zum Schluss klebst du das Wackelauge samt Wimper auf die Walnuss auf. Wenn der Kleber getrocknet ist, kannst du mit den Glubschaugen losspielen.

PARTY-EULEN

1 Zeichne den Eicheln zunächst ein Gesicht mit schwarzem und weißem Permanentmarker auf. Dann schneidest du aus gelbem Fotokarton einen Schnabel nach Vorlage aus. Die Flügel schneidest du ebenfalls aus buntem Fotokarton aus. Klebe die Einzelteile an die Eule.

2 Für einen Partyhut schneidest du einen Halbkreis nach Vorlage aus Fotokarton aus und legst ihn zu einem Trichter zusammen. Klebe die überlappenden Seiten zusammen und befestige einen Pompon an der Spitze. Als Alternative kannst du mit deinem Kastanienbohrer in die Spitze der Eichel stechen und dann eine kleine Federspitze mit etwas Kleber hineinstecken. Halte die Eichel dafür mit dem Kastanienhalter fest.

MATERIAL

- Eicheln
- Permanentmarker in Schwarz und Weiß
- Fotokartonreste in Gelb und in Farben nach Wahl
- Feder in Gelb
- Pompon, ø 1 cm
- Basteldraht, ø 0,4 mm
- Bügelperlen
- Schere
- Klebestift
- Kastanienbohrer
- Kastanienhalter

Vorlagen Seite 30

3 Für einen Sitzkreis nimmst du ein etwa 15 cm langes Stück Draht und fädelst ca. 30–35 bunte Bügelperlen auf. Biege das Ganze zu einem Kreis und verzwirble die beiden Drahtenden zu einem Strang. Dann kannst du deine Eulen mit Klebestift dort hinein kleben.

TIPP

DU KANNST DEN MONSTERN AUCH HAARE AUS NATUR-FUNDSTÜCKEN WIE GRÄSERN ODER MOOS MACHEN.

Vorsicht, Rinden-Monster

Material

- Rindenstücke, ca. 10 cm x 20 cm und 5 cm x 3 cm
- je 2 Wattekugeln, ø 20 mm
- Permanentmarker in Schwarz
- Acrylfarbe in Blau, Weiß, Rot, Pink, Mint, Gelb
- Pinsel
- Fotokarton in Weiß, DIN A6
- Schere
- Baumwollschnur
- Alleskleber
- Kastanienbohrer

Vorlagen Seite 30

1 Zuerst bohrst du mit dem Kastanienbohrer aus dem Set zwei Löcher in die Unterseite des großen Rindenstückes. Hier werden später die Beine dran baumeln. Die kleinen Rindenstücke durchbohrst du ebenfalls einmal an der schmalen Seite.

2 Dann bemalst du die Rinde etwa zur Hälfte mit Acrylfarbe und lässt die Farbe gut trocknen. Wenn du magst, kannst du deinem Rindenmonster noch eine Ringelhose oder ein paar Pünktchen auf die Hose malen. Die kleinen Rindenstücke für die Füße bemalst du auch zur Hälfte nach Lust und Laune.

3 Jetzt schneidest du nach Vorlage Monster-Münder aus weißem Fotokarton aus. Male mit schwarzem Permanentmarker Pupillen auf die Wattekugeln. Dann klebst du Mund und Augen mit Alleskleber auf das große Rindenstück.

4 Schneide nun zwei 15 cm lange Stücke Schnur zurecht und fädle sie jeweils einmal durch das große und durch das kleine Rindenstück. Verknote die Schnurenden jeweils auf der Rückseite und schon hat dein Monster lustig baumelnde Beine und ist fertig!

ACHTUNG!

DIE FLIEGENDEN SUPERHELDEN DARFST DU AUF KEINEN FALL GEGEN MENSCHEN ODER GEGENSTÄNDE FLIEGEN LASSEN. AM BESTEN DU PROBIERST SIE IM WALD, GARTEN ODER PARK AUS UND BIST SCHÖN VORSICHTIG!

FLYING SUPERSTARS

MATERIAL

- Eicheln, länglich
- Feder in Gelb
- Permanentmarker in Schwarz, Weiß, Rot, Grün, Hellblau und Gelb
- Astgabel
- Haushaltsgummi
- Wollrest in Rot
- Schere
- Alleskleber
- Prickelnadel oder Kastanienbohrer
- Kastanienhalter

1 Für diese fliegenden Superhelden sammelst du am besten längliche Eicheln. Zunächst bemalst du sie mit Permanentmarkern. Zeichne ihnen ein cooles Gesicht auf und bemale das untere Drittel in einer Farbe.

2 Dann stichst du mit einer Prickelnadel oder dem Kastanienbohrer aus dem Set mittig in die Oberseite der Eicheln, die du mit deinem Kastanienhalter festhälst. Von einer Feder schneidest du ein kleines Stück ab und klebst die Spitze dann mit Alleskleber in das vorgebohrte Loch.

3 Damit die Eicheln flugtauglich werden, brauchst du noch eine kleine Fletsche. Nimm eine Astgabel und ein Haushaltsgummi. Das Gummi wickelst du zweimal um die eine Spitze der Astgabel und zweimal um die andere Spitze, sodass es schön gespannt ist. Mit roter Wolle umwickelst du noch den Griff deiner Fletsche. Jetzt kannst du mittig eine Eichel in das Gummi spannen, nach hinten ziehen und los geht der Flug.

VORLAGEN

THEATER FÜR DIE HOSENTASCHE

Seite 10/11

SCHÄFCHEN AUF DER WEIDE

Seite 14/15

GLUBSCHAUGEN

Seite 22/23

WALNUSS-CLOWN

Seite 18/19

PARTY-EULEN

Seite 24/25

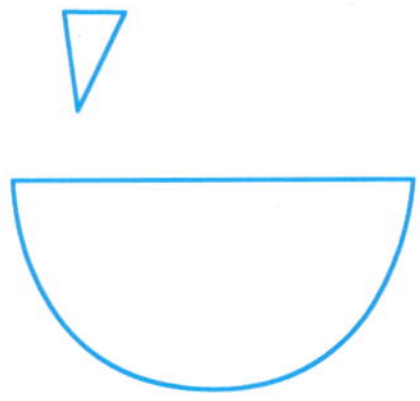

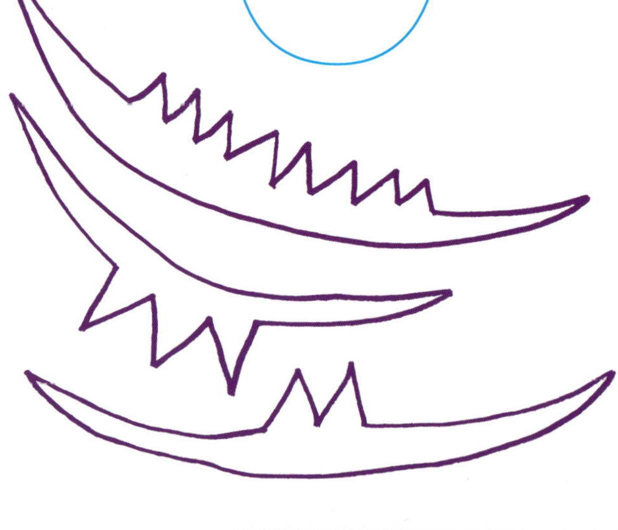

VORSICHT, RINDENMONSTER

Seite 26/27

SUPERHELDEN IM EINSATZ

Seite 16/17

Pia Deges

Schon als kleines Mädchen hat Pia Deges gern Sachen selbstgemacht und daran hat sich bis heute nichts geändert. Als Schwester von drei Brüdern war sie allerdings besonders gut darin Flugzeugträger aus Milchkartons zu entwerfen, Matschschleudern zu bauen oder Stinkbomben zu basteln. Immer mit dabei: Lieblingspuppe Eva. Pia Deges hat Film- und Fernsehwissenschaften studiert und lebt mit ihrer Familie mitten im Ruhrgebiet.

Kreativ-Hotline

Hilfestellung zu allen Fragen, die Materialien und Bücher zu kreativen Hobbys betreffen: **Frau Erika Noll** berät Sie. Rufen Sie an oder schreiben Sie eine E-Mail!

Telefon: 0 50 52 / 91 18 58*
E-Mail: mail@kreativ-service.info

*normale Telefongebühren

Danke!

Wir bedanken uns bei den Firmen HEMA (Amsterdam, Niederlande), MARABU (Tamm), RICO DESIGN (Brakel) und RAYHER (Laupheim) für die freundliche Unterstützung mit Material.

Impressum

Alle Modelle und Schrittfotos: Pia Deges

FOTOS: frechverlag GmbH, 70499 Stuttgart; lichtpunkt, Michael Ruder, Stuttgart

PRODUKTMANAGEMENT UND LEKTORAT: Kristin Günsel, Juliane Voorgang, Tanja Kasten

LEKTORAT: Redaktionsbüro Uta Koßmagk, Wiesbaden

COVER: Eva Grimme

HERSTELLUNG: Heike Köhl

Lassen Sie kleine Kinder nie unbeaufsichtigt basteln oder in der Küche werkeln!

2. Auflage 2022

ISBN 978-3-7724-4389-3 • Best.-Nr. 4389